Stundenblätter
Gott suchen – Gott erfahren

Siegfried Schulz

Stundenblätter
Gott suchen – Gott erfahren

Sekundarstufe I

Ernst Klett Verlag
für Wissen und Bildung

Stundenblätter Religion werden herausgegeben von Dr. Uwe Stamer

Als Ergänzung zu den vorliegenden Stundenblättern
sind erschienen:
Materialien Gott suchen – Gott erfahren (Hrsg. S. Schulz)
Klettbuch 26873

CIP-Titelaufnahme der Deutschen Bibliothek

Schulz, Siegfried:
Stundenblätter Gott suchen – Gott erfahren: Sekundarstufe I /
Siegfried Schulz. – 1. Aufl. – Stuttgart: Klett, 1990
(Stundenblätter Religion)
ISBN 3-12-926705-0

1. Auflage 1990

Satz: G. Müller, Heilbronn; Wilhelm Röck, Weinsberg
Druck: Wilhelm Röck, Weinsberg
Einbandgestaltung: Zembsch' Werkstatt, München
ISBN 3-926705-0

Inhalt

Einleitung

Ich bin der Gott deines Vaters,
der Gott Abrahams,
der Gott Isaaks und
der Gott Jakobs.

2. Mose 3/6

So spricht der Herr:
Suchet mich,
so werdet ihr leben.

Amos 5/4

In der jüdischen Auslegungstradition wird erzählt, einem Schüler sei aufgefallen, daß in 2. Mose 3/6 eine andere Formulierung gebraucht wird als die sonst übliche: „Ich bin der Gott deiner Väter Abraham, Isaak und Jakob", und er fragte den Rabbi nach dem Grund. Der Rabbi antwortete: „Damit wir nicht vergessen, daß Gott jedem unserer Väter in besonderer Weise begegnet ist, Abraham, wie Abraham es bedurfte, Isaak, wie es Isaak bedurfte und Jakob, wie es Jakob bedurfte. Und so ist es noch heute: Gott begegnet jedem Menschen so, wie er es bedarf."

Wenn wir das Thema „Gott suchen – Gott erfahren" unterrichten, sollten wir nicht vergessen, daß wir nicht wissen, was Gott mit unseren Schülern vorhat und wie er ihnen begegnen will. Wir haben nicht das Recht, unsere Gottesbilder und Gotteserfahrungen anderen aufzudrängen.

Genauso wichtig ist die Aussage von Amos 5/4: Zum Leben gehört die Suche nach Gott, ja, die Suche nach Gott ist das Leben. Wer glaubt, Gott gefunden zu haben, ist in Gefahr stehenzubleiben, nicht mehr hörbereit zu sein, hart, dogmatisch und intolerant zu werden. Demgegenüber drängt die Suche nach Gott vorwärts, macht aufmerksam, sensibel, dialogbereit, kurz – wie der Prophet mit der Autorität Gottes verkündigt – lebendig.

Damit sind zwei Grundlinien dieses Unterrichtsentwurfs skizziert. Andere Linien sind in den methodischen Vorüberlegungen dargestellt. So ist es jedem Kollegen möglich, sich rasch über das theologische Konzept zu informieren.

Die Stundenblätter wären gründlich mißverstanden, wollte man sie als Lernprogramm begreifen und von der ersten bis zur letzten Stunde penibel in Unterricht umsetzen. Stundenblätter wollen als Blick in die Werkstatt eines Kollegen verstanden werden: Mit diesen Bibelstellen, Texten, Bildern, Filmen hat der Kollege mit diesen Methoden zu diesen und diesen Unterrichtszielen führen wollen. Vermutlich wird er schon bei der nächsten Gruppe um deren besonderer Zusammensetzung willen auf diesen Text verzichten, jene Bibelstelle neu einsetzen, diese Methode verändern. Vermutlich wird er neue Ideen haben und dies oder jenes ausprobieren, weil es verheißungsvoll erscheint. Mit anderen Worten: Die vorgelegten Stundenblätter sind Teil eines Prozesses. Jeder Kollege, der mit diesen Stundenblättern unterrichten will, soll aufgefordert sein, in aller Freiheit mit den Elementen dieses Entwurfs umzugehen. Der Autor macht es auch so. Das Konzept der Stundenblätter will den Lehrern nicht Materialsammlungen anbieten, die mühsam zur Kenntnis genommen werden und zu Unterrichtsentwürfen umgearbeitet werden müssen, sondern den entscheidenden Schritt weitergehen, den Schritt in die konkrete Unterrichtsgestaltung. So kann man es machen. So ist schon unterrichtet worden. Aber das darf die Freiheit keines

Kollegen einschränken, selber mit Freude, Phantasie und Leidenschaft Unterricht zu planen und – natürlich – zu unterrichten. Noch ein Wort zur Stundeneinteilung: Sie dient mehr der Strukturierung als einer präzisen Zeitvorgabe. In der einen Gruppe wird man schnell vorwärtskommen, weil die Schüler vorwiegend rezeptiv eingestellt sind, in der anderen wird man immer wieder durch Nachfragen und Gespräche aufgehalten, weil die Schüler mit großem Engagement mitmachen. Die Stundeneinteilung sollte also in ihrer Bedeutung nicht überschätzt werden.

Zum Schluß wünsche ich allen Kollegen möglichst viel Gewinn im Umgang mit den Stundenblättern „Gott suchen – Gott erfahren“.

Siegfried Schulz

Methodische Vorüberlegungen

I. Im Blick auf den Lehrer

Es gibt zwei Möglichkeiten über Gott zu reden: Zum einen distanziert, objektivierend, abgelöst von der eigenen Existenz, dann ist vor allem das im Blick, was bisher von anderen über Gott gedacht und gesagt worden ist; zum anderen als Betroffener, persönlich, nah, subjektiv. Es ist keine Frage, daß der Religionslehrer sein Handwerk beherrschen muß, so daß er in der ersten Weise reden kann. Es ist aber noch viel weniger eine Frage, daß seine Schüler von ihm mehr erwarten, und das mit Recht.

Um so erstaunlicher ist, wie wenig die eigene Gottesbeziehung unter Religionslehrern reflektiert wird. Als fürchte man entlarvende Entdeckungen, als sehe man die sich dann herausschälende Beziehung schon im voraus widerlegt von den gängigen Argumenten der Religionskritiker, die man sich selber aufzählen kann, läßt man dieses zentrale Feld im Vagen, im Nebel, im Unklaren, – und muß dann notwendigerweise den Schülern vieles schuldig bleiben.

Die folgenden Gedanken sollen zur Reflexion der eigenen Gottesbeziehung anstoßen:

Da ist zunächst die Frage nach der Gerechtigkeit Gottes, nach der Theodizee. Wie kann man, wie kann ich nach Auschwitz und Hiroshima noch von Gott reden, wie angesichts des alltäglichen Grauens in unseren Krankenhäusern, auf unseren Straßen? Häufig noch leidvoller für Lehrer und Schüler als die Frage nach der Gerechtigkeit Gottes ist das Defizit an Gotteserfahrung: Warum zeigt er sich nicht? Wo werde ich seiner in überzeugender Weise gewiß? Hat er mir nicht Angebote gemacht, ihn im Sternenhimmel oder in den Ordnungen der Natur, in der Bibel oder im Gebet zu ahnen? Aber mir fehlt die Ruhe, die Einsamkeit, das hörbereite Ohr, das sehende Auge. Die Zeit-Krankheit macht es unmöglich, Gott zu suchen, Gott zu erfahren.

Als drittes muß die Mutlosigkeit angesprochen werden, die es angesichts von Psychologie und Philosophie, angesichts von linker Religionskritik und allgemeinem säkularen Elan nicht mehr wagt, von Gott zu reden. Bin ich auch mutlos?

Es ist schwierig von Gott zu reden. Alles verantwortliche Reden von Gott erlebt die Zerreißprobe zwischen Offenbarung Gottes und der Verantwortung dieser Offenbarung vor der Welt. Das wird bei dieser Unterrichtseinheit jeder Kollege im Klassenzimmer erleben. Doch er darf sich dem nicht mutlos oder zweifelnd entziehen. Wer vom Menschen reden will, der muß auch von Gott reden, denn der Mensch ist nicht ohne Gott.

Täuschen wir uns nicht: Wenn unsere Schüler sich vor Krebs, Unfall, Trennung ängstigen, wenn sie auf Erfüllung, Glück, Erfolg hoffen, dann ist immer auch implizit Gott mit im Spiel. Natürlich bemühen sich Menschen, Aids erklärend und heilend in den Griff zu bekommen, aber ebenso natürlich wird ein Erkrankter fragen: Warum gerade ich? Was für einen Sinn hat das? Vielleicht sogar: Was will Gott mir damit sagen? Und er wird die Krankheit als eine Aufgabe seiner Menschwerdung mehr oder weniger deutlich erfassen.

Ähnlich verhält es sich mit Begriffen wie

Zufall, Schicksal, Pech, Schuld, Verantwortung. Auch da ist immer implizit von Gott die Rede. Aber am überraschensten wohl: Jeder zweite Schüler betet. Was sollten wir da mutlos sein?
Es gilt: Von Gott kann ich eigentlich nur als Betroffener reden. Ich kann nicht über Gott an und für sich sprechen, aber ich kann über Gottes Spuren in dieser Welt und speziell in meiner Welt sprechen. Die folgenden Gedanken sollen dazu helfen, den eigenen Standpunkt klarer zu sehen:

- Wann, wo und wie ist mir Gott begegnet? Ist er mir vor allem in Notlagen nah, im Gebet, unter dem Sternenhimmel, in der Einsamkeit, im Gottesdienst?
- Was bewirkt seine Nähe? Ist es Trost, Sicherheit, Mut? Sind es Ratschläge? Sind es Ängste und ein schlechtes Gewissen?
- Erschöpft sich meine Gottesvorstellung in einer – notwendigen – Projektion, oder ist er für mich darüberhinaus eine Wirklichkeit vor aller Projektion und vor allen Bildern?
- Ist Gott für mich Person oder Prinzip?
- Was bedeuten mir die biblischen Gotteserfahrungen? Welche sind für mich vergangen, welche bereichern mich, fordern mich heraus, welche erschrekken mich? Welche sind für mich lebensnotwendig?
- Was bedeuten für mich die kirchlichen Glaubenstraditionen? Welche erscheinen mir kraftvoll und lebendig? Welche erstarrt und gelähmt?
- Wie und wann rede ich mit Gott? Welche Rolle spielt das Gebet?
- Wann handle ich aus Gott? Im Danken, in der Freude, im diakonischen Tun, im theologischen Gespräch?
- Welche Gottesbilder sind meiner Gotteserfahrung angemessen?
- Wie gehe ich mit Gottesbildern um, die mir fremd und ungewohnt sind?
- Was erwarte ich nach dem Tod? Versetzt mich dieser Gedanke in Panik? Sind da konkrete Bilder und Erwartungen? Kann ich mich vertrauensvoll fallenlassen?
- Was von alledem kann ich meinen Schülern sagen? Was werde ich für mich behalten? Warum verschweige ich das?

Natürlich sind dies summarische und exemplarische Gedanken. Wer mehr erfahren möchte, der sei auf die entsprechende Literatur verwiesen.

II. Im Blick auf die Schüler

Denken wir zunächst über die Situation unserer Schüler nach: Zunehmend sind sie Einzelkinder von Einzelkindern. Ein weiter Bereich sozialer Erfahrung, wie er bei früheren Generationen fraglos vorhanden war, darf nicht mehr vorausgesetzt werden. Wird das Kind – aus welchem Grund auch immer – nur von einem Elternteil erzogen, wird die Vereinzelung zusätzlich verstärkt. Der Wohlstand hat dazu geführt, daß ein Bedürfnisaufschub nicht mehr nötig und deshalb auch nicht mehr verlangt und eingeübt wird. Was das Kind wünscht, das erhält es auch. Der Tagesablauf ist durchorganisiert. Wer je versucht hat, eine Schülergruppe zu einer freiwilligen Veranstaltung zusammenzuführen, ist erschrocken über die vielen Termine schon der Kleinen und Kleinsten: Reiten, Musik, Karate, Ballett und vieles mehr stehen auf dem Programm. Die Welt wird als durchorganisiert erfahren, sie macht Angebote, und man hat ihr mit Leistung bis weit in den Freizeitbereich hinein zu begegnen. Man sucht aus, wählt aus der Fülle der Angebote. Die Welt bietet nicht Spielräume an, die in Freiheit und mit Phantasie zu entdecken sind, sondern sie ist ein großes Warenhaus. Leistung muß erbracht werden um zu konsumieren. Die Welt als Aufgabe ist eine unbekannte Vorstellung. Fremde Vorgaben sollen als eigenes Erleben genommen werden. Der Abenteuerfilm im Fernseher soll die Illusion des eigenen Abenteuers vermitteln und ist doch nur Surrogat. Ähnliches gilt bei der Mode und bei anderen Trends. Eine mächtige Industrie verbündet sich mit den Eltern, um die Kindheit zu organisieren.

Am Ende steht der junge Mensch als ein eigentümliches Zwitterwesen da: Er ist reich an Wissen, frühreif, fast schon ein Erwachsener, aber er ist arm an Erfahrung und eigenem Erleben, ein Teil seiner Persönlichkeit ist schwach und anfällig. Er kennt sich selbst nicht. Er ist stets in materieller Sicherheit gewesen, aber er kann kaum solidarisch handeln. Er weiß viel, aber er besitzt kaum ein Problembewußtsein. Er fordert von seiner Umwelt Eindeutigkeit. Wo sie ihm nicht gegeben wird, ist er u. U. bereit, sie bei fragwürdigen Autoritäten zu suchen. Ein Hang zum Privaten ist deutlich: Gesellschaftliche Großgruppen wie Parteien, Gewerkschaften, auch Kirchen faszinieren nicht mehr. Im besten Fall noch dort, wo man in kleinen Gruppen die Nähe und Wärme erhält, die man zuhause vermißt. Allerdings ist auch eine Tendenz zur Eigenverantwortung vor allem bei Gymnasiasten zu beobachten.

Für den Religionsunterricht bedeutet dies: Nachdem mit etwa 12 Jahren das anthropomorphe, sehr menschliche und sehr moralische, fordernde und strafende Gottesbild seine Bedeutung verliert, breitet sich bei den Schülern der Sekundarstufe I Desinteresse aus, eine freundliche, aber auch bestimmte Verweigerung. Die wenigsten Schüler sind so sozialisiert, daß sie nach Gott fragen. Ihr Wert- und Sicherheitsbedürfnis wird anderweitig befriedigt. Probleme des Lebenssinns werden von christlichen Antworten abgekoppelt. Es breitet sich ein voraussetzungsloser, gänzlich beliebiger Subjektivismus aus. Der Glaube wird nicht bekämpft, er „verdunstet“.

Einige wenige Schüler fühlen sich in der neuen Religiosität der Gruppen- und Gemeinschaftsreligiosität wohl. Sie fragen auch immer wieder nach den Antworten von Kirche und Christentum. Aber dies werden auch im Süden der Bundesrepublik nur wenige Schüler tun. Der Religionslehrer sei davor gewarnt, sich allein auf diese Gruppen einzulassen und die restlichen Schüler gleichsam abzuschreiben.

So gibt es drei Ansätze religionspädagogischer Arbeit:

- Beim *evangelistisch-missionarischen Ansatz* wird es eine unheilige Allianz zwischen den „frommen“ Schülern und dem Religionslehrer geben. Schon die spezielle Innen-Gruppen-Sprache wird verhindern, daß über das Konventikel der „Frommen“ hinaus auch andere Schüler angesprochen werden, – so sehr dies auch als Ziel artikuliert werden mag.
- Beim *seelsorgerlich-diakonischen Ansatz* wird der Lehrer viele Schüler erreichen, er wird aber gleichzeitig von vielen Schülern verdächtigt, sich um das Wesentliche herumzudrücken. Die Schüler werden den Kollegen in seinem helfenden Impetus durchaus sympathisch finden, aber sie werden aus seiner Arbeit den Schluß ziehen, Christentum sei mit Mitmenschlichkeit gleichzusetzen.
- Beim *religionspädagogisch-zeugnishaften Ansatz* fallen zwei Dinge zusammen: Der Lehrer versteht sich von der Schule her als Lehrer, der Inhalte und Methoden sachgemäß zu vermitteln hat. Aber er ist auch bereit, seinen Glauben

zu bezeugen, zu verantworten, warum und was er glaubt, warum er so und nicht anders lebt.

Wenn Schüler in einen Dialog mit ihrem Religionslehrer eintreten, dann sind dies ihre häufigsten Klagen und Fragen:

- Sie klagen, daß sich Gott ihnen nicht zeigt, daß er nicht hilft, daß sie Gott nicht erleben können.
- Sie klagen über die in ihren Augen allgegenwärtige Ungerechtigkeit Gottes.
- Sie klagen über die Zukunft dieser Welt. Sie befürchten, daß sie in sinnloser Selbstzerstörung endet und fordern Rettung ein, aber auch Mut und Hoffnung.
- Sie fragen angesichts der Evolutionstheorie, ob denn diese Welt wirklich Schöpfung sei und nicht durch einen sinnlosen Zufall entstanden.
- Sie fragen, ob denn Gott nicht Hilfskonstruktion für geängstigte Menschen, Bedürfnisbefriedigung, Projektion und Stellvertreter für Erkenntnisse sei, die wir demnächst auch noch besitzen werden.
- Sie fragen, was Kirche angesichts einer sich auflösenden Weltordnung und in einer zunehmend kälter werdenden Welt noch leistet.
- Sie fragen letztlich nach einem Gott, der sie anerkennt und ernst nimmt, der sie lieb und wert hält und Leben im Vollsinn möglich macht.
- Sie fragen nicht nach Sünde, Buße, Vergebung.

Für unsere Reden von Gott in der Sekundarstufe I lassen sich etwa folgende Grundsätze aufstellen:

- Wir können als Lehrer Gott nicht erfahrbar machen, nicht in der Natur, nicht in der Poesie, nicht durch die Meditation, auch nicht durch die Bibel. Wir bleiben auf Gottes Anruf angewiesen. Der Geist weht, wo er will.
- All unser Reden von Gott ist fragmentarisch und bleibt vorläufig. Wir reden in unzureichenden Bildern und sehen nur „wie in einem dunklen Spiegel". Das müssen Schüler wissen.
- Wir sind verpflichtet, unbedingt ehrlich zu antworten. Wir sollen theologisch richtig antworten. Wir sollen aber auch deutlich machen, wo wir traditionelle Glaubensaussagen nicht, nicht mehr oder noch nicht vertreten können. Das ist keine Aufforderung zur Selbstentblößung.
- Wir können nur bekennen und bezeugen. Unser Reden von Gott kann naturwissenschaftlich nicht verifiziert werden.
- Die Felder, auf denen das Fragen nach Gott aufbricht, müssen für die Schüler erfahrbar sein.
- Kausale Fragestellungen der Schüler sollten daraufhin abgehört werden, ob sie nicht final gemeint sind: Sie fragen warum, aber sie meinen wozu.
- Traditionelle religiöse Sprache darf nicht unreflektiert benutzt werden. Der Lehrer muß seinen Schülern sagen können, was die Kirche oder was er selber mit dieser Formel oder jenem Titel verbindet. Häufig ist die Verfremdung gängiger Sprachformen erhellend.
- Die demagogischen Möglichkeiten, die im Reden von Gott liegen, müssen aufmerksam beobachtet werden: Niemals darf Gottes Autorität für menschliche Absichten mißbraucht werden.
- Der Lehrer soll nicht auf Fragen antworten, die Schüler gar nicht stellen. Ein zum Selbstzweck gewordener Religionsunterricht langweilt.
- Eine Erzählung, ein Gleichnis, ein Gedicht, ein Bild sagt immer mehr als abstrakte Rede.
- Wir können immer Erfahrungen anderer mit Gott zum Gegenstand des Unterrichts machen, Bilder gelebten

Lebens vermitteln. Hier sind Distanz und Identifikation möglich.
- Weit aufmerksamer als all unser Reden von Gott beobachten die Schüler unser Handeln, unser Leben. Vermutlich erschließt oder verschließt unser Leben den Schülern die Wirklichkeit Gottes mehr als alle religionspädagogischen Bemühungen.
- Das angemessene Reden geschieht nicht über Gott, sondern zu und mit ihm. Das angemessene Reden ist das Gebet und nicht die theologische Reflexion.
- Das Leben des Frommen ist ein „Beten ohne Unterlaß", ein ständiger Dialog mit Gott, eine dialogische Existenz.
- Letztlich wissen wir über Gott nichts. Wir sehen jetzt im besten Fall „wie in einem dunklen Spiegel".
- Daraus resultiert ein dialogbereiter, toleranter Umgang mit denen, die auch auf der Suche nach Gott sind.

III. Im Blick auf die Stundenblätter

Diesem Unterrichtsentwurf liegen folgende Überzeugungen zugrunde:
- Menschen sind auf die Selbstoffenbarung Gottes angewiesen.
- Gott offenbart sich dem Menschen, wie er es will.
- Menschliches Leben ist auf Gottsuche hin angelegt.
- Das Fragen nach Gott kann sich an vielen Gegebenheiten dieser Schöpfung festmachen. Eindeutig wird es erst in Jesus. Erst in ihm wird – im Glauben – Gott als liebende und bergende Macht erkannt.

Dieses Stundenblatt ist entworfen für Schüler der Klassen 9 und 10. Dabei dürfte es ratsam sein, diese schwierige Materie nach Möglichkeit nicht in 9. Klassen zu unterrichten, sondern in der 2. Hälfte der 10. Klasse. Bei Abschlußklassen ist dieser Entwurf als letzte Unterrichtseinheit vor dem Ausscheiden aus der Schule gut geeignet.
In den Stundenblättern ist darauf verzichtet worden, das Abrufen der Hausaufgabe jedesmal zu notieren. Es versteht sich von selbst, daß eine aufgegebene Arbeit in der darauffolgenden Stunde abgerufen und besprochen bzw. korrigiert wird. Die Ergebnisse der Hausaufgaben sind bei der Aufgabenstellung notiert.

Grundsätzliches zum Thema

Existiert Gott?

Natürlich ist diese Frage mit Ja zu beantworten. Nur wer durch die schmale Pforte dieser Antwort eingetreten ist, der sieht vor sich einen weiten Park mit vielen Wegen. Welchen soll er einschlagen? Was bezeichnet das Wort „Gott“? Bleibt es ein Wort für einst Gedachtes, was von ewig Gestrigen heute wiederholt wird? Ist es ein Symbol, und gegebenenfalls: Was wird symbolisiert? Bezeichnet es eine Projektion, eine überflüssige, wie marxistische Religionskritiker meinen, oder eine höchst notwendige, durch die ich Eindeutigkeit gewinne? Oder ist Gott eine Wirklichkeit unabhängig vom Menschen und seinem Denken, vor und über allen Symbolen, Bildern und Projektionen?
Wer bleibt schon vor der Pforte stehen? Der Mensch ist und bleibt ein Gottsucher. Spätestens in dem Augenblick, wo er des unaufhaltbaren Zerfalls seiner selbst und dieser Welt inne wird, fragt er nach Gott. Wer dann seinen „Bauch“ (vgl. Phil. 3/19) zu seinem Gott macht, kaschiert nur mühsam seine Verzweiflung.
Die hier zu untersuchende Frage heißt also nicht: Existiert Gott? sondern: Was verstehe ich unter Gott? Welcher Gott existiert mir? Dabei deutet die zweite Formulierung schon das biblische Fragen an, das davon überzeugt ist, daß wir auf die Selbstoffenbarung Gottes angewiesen sind.

Zunächst aber zu anderen Wegen im Park des Gottsuchens:
Für Yorick Spiegel (Bd II, S. 89) „(ist) Gott . . . nicht das Symbol der Macht über den Menschen, sondern das Sinnbild der Kraft, die der Mensch in sich selber spürt“. Jesus ist ihm ein – sympathisches – Sinnbild für das Hadern mit Autoritäten, für Gerechtigkeit und ein neues Zusammenleben (a.a.O. S. 134).
Für Ludwig Feuerbach und Karl Marx war Gott eine Projektion menschlicher Wünsche an den Himmel mit der fatalen Konsequenz, den Menschen individuell und gesellschaftlich zu schwächen und von seinen eigentlichen Aufgaben abzulenken: Gott wird es schon machen! Oder: Im Himmel haben wir es besser!
Andere sehen die Gottesfrage aufgelöst in der Sinn- und Wertfrage. Wenn der Sinn des Lebens oder die Maximen des Handelns reflektiert werden, dann wird über Gott nachgedacht. Mehr lasse sich sinnvoll nicht tun. Für C. G. Jung wird in der kompensatorischen Funktion der Träume Gott zu einer erfahrbaren Größe.
Dagegen ist für Theologen wie Karl Barth oder Helmut Gollwitzer Gott an und für sich, unabhängig vom Menschen. Theologisches Denken denke dem Sein Gottes nach – und dieses Wörtchen „nach“ ist hier betont. Das Sein Gottes gehe dem Fragen und Sagen des Theologen voraus. Wenn wir auf eine Erlösung warten, dann wissen wir, daß nichts, was zu dieser Welt gehört, uns erlösen kann, sei es die Natur, die Eigeninitiativen, das neue Bewußtsein, die Mütterlichkeit oder die Väterlichkeit, die eigenen Kräfte – das alles muß zum Schweigen gebracht werden, damit die Stimme Gottes hörbar wird.
Damit sind wir auf dem biblischen Weg: Das biblische Reden von Gott steht unter dem Bilderverbot (Ex. 20/4 oder Dt. 4/9–24), denn Gott ist mehr als alles

menschliche Denken und Sprechen. Was immer über Gott gesagt wird, ist unzureichend. Entsprechend wird in der Bibel nicht gefragt nach Gottes Substanz, nach seinem Antlitz, seiner Person. Die Frage des Mose nach dem Namen Gottes (Ex. 3/14) wird letztlich nicht beantwortet. Den biblischen Schriftstellern ist es wichtiger, was Gott tut. Und hier wird eine Überfülle von Antworten gegeben: Er erschafft, er befreit, er verpflichtet, er straft, er heilt, er liebt, er verbirgt sich – um nur einige zu nennen. Die Buchstaben JHWH stehen für die Freihaltung eines Raumes, für den möglichen Einbruch Gottes in unsere Zeit und unseren Raum, in unser Leben und unsere Geschichte. Von ‚Name' wird in der Bibel gesprochen oder von ‚Stimme Gottes'. Was sollen wir uns unter Name oder Stimme Gottes vorstellen? Nichts! Gott bleibt im Schweigen. Menschen können immer nur sagen, was Gott nicht ist. Schon Moses Maimonides wollte Gott allein *via negationis* beschreiben. So ist das Äußerste, was von Gott gesagt werden kann, daß er auch Person ist, jemand, der sagt: „Ich bin" (Ex. 20/2), worauf die Schar der Glaubenden bekennt: „Du bist (unser Gott)!". Aber gleichzeitig wissen wir, daß Gott mehr ist als Person. Wenn der fromme Jude den Gottesnamen nicht ausspricht, dann praktiziert er das Bilderverbot.

Dennoch gebraucht die Bibel Bilder für Gott, und auch wir kommen ohne Bilder nicht aus. Anders wäre Kommunikation nicht möglich. Aber nun kommt alles darauf an, sachgemäß mit den Gottesbildern umzugehen. Dazu gehört *als erstes,* daß bei allem Gebrauch von Bildern die Vorläufigkeit und Beschränktheit der Bilder mitgedacht wird. *Zum zweiten* dürfen Gottesbilder nicht dazu entworfen oder schon bestehende dazu benutzt werden, menschliche Bedürfnisse zu befriedigen. Sie sind Versuche, auf Erfahrungen mit Gott zu antworten. So muß z. B. darüber nachgedacht werden, ob feministische Ideen durch das Gottesbild der Mutter vorangetragen werden sollen, oder ob ich meine Erfahrung mit Gott so abbilden kann. *Zum dritten* muß darauf hingewiesen werden, daß Rückschlüsse vom Bild auf Gott nicht erlaubt sind. Die Gottebenbildlichkeit des Menschen begründet noch keine Menschenebenbildlichkeit Gottes. *Zum vierten* sind Gottesbilder vergänglich: Die alten, herrschaftlichen Bilder von Gott als König, Richter, Herr treten immer mehr in den Hintergrund zugunsten von Familien- oder Personbildern wie Vater, Bruder, Mutter, Sohn. Wobei ein deutlicher Strang in unserer Tradition diese persönlichen Bilder ersetzt durch abstrakte Begriffe wie Schicksal, Macht, Urgrund des Lebens, Grund des Seins und ähnliche. *Zum fünften:* Es gibt gefährliche Gottesbilder. Es gibt neurotische und neurotisierende Gottesbilder wie die vom Schlachtengott, vom Rachegott, vom kleinlichen Buchhaltergott, vom Gesetzesgott. Ein echtes Sinn-Bild deutet immer auch auf einen gesellschaftlichen oder persönlichen Konflikt und seine Lösung hin. Man denke nur an die Propheten im AT.

Der ergriffene Mensch hat zu allen Zeiten und in allen Kulturen sein Ergriffensein im Mythos, Lied, Tanz, Bild und vergleichbaren Formen ausgedrückt, abgebildet. Die Bilder bleiben im Vorläufigen. Wir dürfen uns Gott nicht eigenmächtig ein„bild"en, wir müssen uns davor hüten, ihn zu ver„bild"en. Und der Religionslehrer wird wissen, daß jedes Bild wie der Glaube überhaupt ein Wagnis ist und daß er dieses Wagnis seinen Schülern nicht ersparen kann und nicht ersparen soll. Gott ist nicht objektivierbar, wir sind auf seine Selbstoffenbarung angewiesen. Entsprechend gehört das Nachdenken über Gott bei Kant nicht in den Bereich der reinen, sondern in den Bereich der praktischen Vernunft. Wir können unser Augenmerk allein auf die Spuren Gottes im Garten und im Leben des Menschen richten.

Vielleicht ist dem einen oder anderen diese Systematisierung eine Hilfe:
Wir reden in unserer Zeit von Gott anthropozentriert, nicht etwa wie im Mittelalter kosmozentriert. Der Gottsucher Mensch erlebt Gott im wesentlichen an vier Orten.
Der Ort des Fragens, das kann in seinem Leben die Begegnung mit seiner Unzulänglichkeit sein, mit Leid und Tod, mit der Natur, mit der Frage nach dem Anfang, den Urdaten der Schöpfung und vieles andere mehr.
Der Ort des Suchens, das ist sein Projizieren, sein Konstruieren und Formulieren und die Erfahrung: Der Mensch kann Gott nicht erkennen.
Der Ort des Anrufs, das ist dort, wo er die Stimme vernimmt, wo er gewiß wird, da ist etwas über aller tastenden menschlichen Vernunft, das „Ich bin" und „Du" sagt. Dann kann der Mensch sich verschließen oder sich öffnen.
Der Ort der Antwort, das sind zunächst Vorstellung und Bilder, die versuchen, die Erfahrung der Stimme denkbar zu machen, vor sich und vor anderen zu verantworten. Sehr bald kommt das entsprechende Handeln hinzu, der Lobpreis, die Anbetung, die Diakonie. Der Mensch glaubt.
Menschliches Leben wird im Garten der Gottsuche nicht zum Ende gelangen, wird auf der Wanderschaft bleiben. Oder im Bild der Verklärung Jesu gesprochen: Selbst wenn wir je auf den Gipfel gelangen, werden wir wieder hinabsteigen in den Alltag, und die Erinnerung wird zu verblassen beginnen. Das sollte uns zur Geduld und zur Toleranz mit uns selbst und mit den Mitmenschen mahnen.

Kommentierte Bibliographie

Jeder Pädagoge, der sich über dieses Stundenblatt hinaus mit der Situation seiner Schüler, in der sie nach Gott fragen, mit ihrem Glauben und Glaubensverlust, ihrem Suchen, Fragen, Zweifeln, mit ihrer Gleichgültigkeit und den Konsequenzen, die sich daraus für die pädagogische Arbeit ergeben, beschäftigen möchte, der sei auf das kleine, aber inhaltlich bedeutsame Büchlein hingewiesen von

Karl Ernst Nipkow
„Erwachsenwerden ohne Gott?"
Kaiser Traktate
Chr. Kaiser Verlag, München 1987

Der Verfasser verantwortet seit vielen Jahren den Lehrstuhl für Religionspädagogik der Theologischen Fakultät der Universität Tübingen und ist ein hervorragender Kenner der Materie.

Wer in der Schöpfung eine natürliche Brücke zum Gottesgedanken zu sehen vermag, wer entsprechend dem sich durch dieses Stundenblatt hindurchziehenden Kontrapunkt Gott vor allem mit dem Herzen suchen möchte und suchen kann, der sei auf das überaus wertvolle Buch verwiesen von

Jörg Zink
„Erde, Feuer, Luft und Wasser"
Kreuz Verlag, Stuttgart 1986

Jörg Zink ist evangelischer Theologe und Publizist. Er lebt in Stuttgart.

Zwei kleine Büchlein können auch Schülern einen ersten Einstieg in unser Thema ermöglichen:

Theodor Jaeckel
„Wer sich stören läßt, lebt"
Quell Verlag, Stuttgart 1988
und
Helmut Kussäther
„Ist Gott Wirklichkeit?"
Eos Verlag, St. Ottilien 1987

Während Theodor Jaeckel als protestantischer Theologe die Entwicklung des Gottesverständnisses in der Bibel auf knappen 113 Seiten skizziert, versucht Helmut Kussäther als katholischer Theologe den philosophischen und theologischen Horizont auf 114 Seiten abzuschreiten. Dabei kann er sogar noch auf den Gottesgedanken bei Mohammed, im Brahmanismus-Hinduismus oder bei Sigmund Freud eingehen.

Anspruchsvoller und umfangreicher ist demgegenüber die Aufsatzsammlung von

Jürgen Hoeren und Michael Kessler (Hrsg.)
„Gottesbilder"
Verlag Katholisches Bibelwerk, Stuttgart 1988

In diesem Band sind 13 Aufsätze zur Gottesfrage zusammengefaßt, die ursprünglich die Grundlage einer Sendereihe des Südwestfunks unter dem Titel „Wer ist Gott?" darstellten. Hier wird dem Alten und dem Neuen Testament mit je zwei Aufsätzen Platz eingeräumt, aber auch der Auseinandersetzung mit dem Gottesbild der Kirchenväter, der Naturwissenschaftler, der Psychologen, von Vertretern der modernen Literatur und Kunst. Die Autoren sind hervorragende Kenner ihrer Materie, zumeist promovierte Theologen mit Lehraufträgen an Universitäten und Hochschulen.

Zum Schluß sei noch auf zwei Werke hingewiesen, die auf wissenschaftlichem Niveau die Gottesfrage abhandeln. Das eine ist das Kompendium von

Hans Küng
„Existiert Gott?"
Deutscher Taschenbuchverlag, München 1987

in dem die gesamte Theologie- und Philosophiegeschichte, soweit sie für das Thema von Belang ist, auf fast 800 Seiten dargestellt ist. Dieses Werk ist auch als Nachschlagewerk hervorragend geeignet und als Taschenbuch preiswert zu erstehen. Das andere Werk ist von

Reinhard Leuze
„Gotteslehre"
Kohlhammer Verlag,
Stuttgart, Berlin, Köln, Mainz 1988

Der Autor geht der Frage nach der Offenbarung Gottes nach, Gottes Personsein, seinen Eigenschaften, der Trinität. In wesentlichen Teilen seiner Darstellung wird die Lehre von Gott als Reflexion des Wortes Gott entfaltet. In hoher Abstraktion wird die Religion Israels, die christliche Religion und der Islam in ihrem jeweiligen Gottesverständnis abgehandelt. Das Werk endet in der Frage nach der Existenz Gottes.

Hans Küng ist Professor für ökumenische Theologie an der Universität Tübingen, Reinhard Leuze ist Professor für Systematische Theologie an der Universität München.

Übersicht über die Unterrichtseinheit*

* Anmerkung
Mat. 1, 2, ... im Materialienheft
Mat. A, B, ... hier bei den Stundenbeschreibungen

Stunde	Inhalt (Kurzfassung)	Begründung	Referate/ Hausaufgaben	Vom Lehrer besonders zu beachten
1. Stunde: Offenbarung – was ist das?	– Bildbetrachtung Meditation – Motivation – Orte der Gottesoffenbarung – Theologie der Offenbarung – 2. Mose 20/2 Prediger 5/1	– Motivation – Überwindung der Sprachhemmung – Definitorisches: Offenbarung – Warnung vor allzu großen Erwartungen		Die Schüler sollten zureichend zu Wort kommen. Die Warnung vor zu großen Erwartungen (Prediger 5/1) nicht vergessen. Sorgfältig entscheiden, mit welchem Bild (Felger oder Foeller) gearbeitet werden soll. Den Film für die 4. Stunde bestellen! *Materialien:* Bibeln Mat. 1, 2 Mat. A
2. Stunde: Die eigenen Gottesvorstellungen wahrnehmen	– Ein Gespräch über abgelegte Gottesvorstellungen – Ein Fragebogen zur gegenwärtigen Gottesvorstellung – Amos 5/4 Apg 17/22–28 – Gespräch über eine Bekehrung	– Gottesvorstellungen haben sich gewandelt und werden sich wandeln. – Es ist wichtig, in der Gottsuche zu bleiben. – Gott muß sich nicht in punktuellen Bekehrungen offenbaren.		Die Schüler sollen erkennen, daß Gottesvorstellungen dem Wandel unterworfen sind. Niemand muß ein schlechtes Gewissen haben, wenn er Gottesbilder hinter sich läßt. Die Suche nach Gott ist Leben (vgl. Amos). Die punktuelle Bekehrung ist nicht die übliche Form des Glaubensbeginns. Fromme Schüler müssen vor falschen Erwartungen gewarnt werden.

Stunde	Inhalt (Kurzfassung)	Begründung	Referate/ Hausaufgaben	Vom Lehrer besonders zu beachten
				Materialien: Bibeln Mat. 3, 4 Mat. B
3. Stunde: Gottesbilder I: Eine Übung	– Schüler entwerfen in Gruppen ein Bild zum Thema „Gott". – Eine Kurzgeschichte – Die Ergebnisse der Befragung aus der 2. Stunde	– Die Schüler sollen miteinander über Gott sprechen. – Aufforderung zur Toleranz – Unterschiedliche Gottesvorstellungen wahrnehmen		Die Malutensilien nicht vergessen! Die Gruppenaufgabe möglichst konkret vorstellen. Die ausgewerteten Fragebogen aus der 2. Stunde mitbringen. *Material:* Mat. C
4. Stunde: Gottesbilder II: Ihre Abhängigkeit	– Eine Kurzgeschichte – Filmvorführung – Bearbeitung eines Fragebogens zum Film (Mat. E)	– Gesellschaftliche Verhältnisse bedingen unterschiedliche Gottesbilder. – Gottesbilder wurden und werden mißbraucht.	Hausaufgabe: Bearbeitung des Textes von Y. Spiegel (Mat. 5)	Sich mit der Kurzgeschichte von E. Schnydrig (Mat. D) vertraut machen. Sie ist nicht unproblematisch. Den Fragebogen zum Film nicht vergessen. *Materialien:* Mat. D, E Mat. 5
5. Stunde Gottesbilder III: In der Bibel	– Eine Schreibmeditation – Nachdenken (Tafelarbeit) über Gottesbilder – Psalm 139/1–18 Psalm 88 – Das Bilderverbot in 2. Mose 20/4–6	– Alte und neue Gottesbilder kennenlernen – Ihre Vieldeutigkeit erkennen – Die Kühnheit biblischen Umgangs mit Gott wahrnehmen – Das Bilderverbot exegisieren können	Freiwillige Hausaufgabe: Den Psalm 23 in eine zeitgemäße Sprachform bringen	Zettel für die Schreibmeditation mitbringen. Den Schülern soll geholfen werden, das Bilderverbot nicht vordergründig zu verstehen. *Material:* Bibeln
6. Stunde Gottesnamen in der Bibel	– Eine Textarbeit (Mat. 6) – 2. Mose 3/1–14 – Lehrerreferat zu den alttesta-	– Die Schüler sollen den alltäglichen Mißbrauch des Begriffs „Gott" wahrnehmen ...		Dem alltäglichen und allgegenwärtigen Mißbrauch des Begriffs „Gott" Gottes Verborgen-

	mentlichen Gottesnamen	– . . . und die Verborgenheit Gottes. – Die Gottesnamen des Alten Testaments lernen.		heit und Unverfügbarkeit entgegensetzen. Die alttestamentlichen Gottesnamen weisen einen hohen Abstraktionsgrad auf. *Materialien:* Bibeln Mat. 6
7. Stunde: Erfahrungen mit Gott	– Textarbeit (Mat. 10 und 11) – Arbeitsblatt mit Aussagen der Bibel zu Gott – 5. Mose 10/17–20 Nahum 1/2–8 Klagelieder 3/37–39	– Kritische Einstellungen der Schüler zur Kirche aufnehmen – Die Breite biblischer Gottesaussage vermitteln – Wie offen sind wir für den unbekannten Gott?		Kritische Einstellungen der Schüler zur Kirche aufnehmen: Wo ist sie noch Ort der Gotteoffenbarung und wo ist sie es nicht oder nicht mehr? Das Schalkhafte der van Veen-Texte über dem Tiefsinn nicht vergessen. *Materialien:* Bibeln Mat. 7–9
8. Stunde: Der heilige Gott I: Die Frage nach seiner Gerechtigkeit	– Eine Schreibmeditation – Eine exemplarische Leidsituation (Bildbetrachtung Mat. 12) – Lehrerreferat zum Theodizeeproblem – Das Buch Hiob	– Schüler leiden unter der Frage nach der Gerechtigkeit Gottes. – An Hand einer fremden Situation können persönliche Fragen ausgesprochen werden. – Biblische und theologische Antworten kennen und beurteilen können.	Hausaufgabe: Bearbeitung des Textes „Ist Gott gerecht?“ (Mat. 13)	Hörbereit und sensibel mit Schüleräußerungen zur Gerechtigkeit Gottes umgehen! Auch harsche Kritik aushalten! Die Grenzen theologischer Antworten artikulieren. *Materialien:* Bibeln Mat. 10. 11
9. Stunde Der heilige Gott II: Seine Verborgenheit aushalten	– Textarbeit (Mat. 12; evtl. 11) – Eine Übung an Begriffen zu Gott nach R. Otto – Lehrerreferat zum deus absconditus und deus revelatus – Jeremia 20/7–9 Markus 15/34	– Die Schüler sollen unterschiedliche Reaktionen frommer Menschen kennenlernen. – Kennenlernen eines fernen theol. Denkgebietes: der deus absconditus	Wichtige Hausaufgabe: Bearbeitung des Textes von C. Amery (Mat. 14)	Sich vertraut machen mit der Theologie vom verborgenen Gott. Dieses Denkgebiet ist den Schülern fremd, aber durchaus interessant und für sie wichtig. Den Schülern etwas zumuten: Sie sollen lernen und denken! *Materialien:* Bibeln Mat. 12–14

Stunde	Inhalt (Kurzfassung)	Begründung	Referate/ Hausaufgaben	Vom Lehrer besonders zu beachten
10. Stunde Gott in der Schöpfung I: Spurensuche	– Ein Klassengespräch über Kunst – Textarbeit (Mat. 16) – Hiob 12/7–10 Römer 1/18–23	– Die Natur ist für viele Schüler eine Möglichkeit, Gott zu erfahren, – das sehen auch biblische Autoren so. – Allerdings wird Gott in der Natur nicht eindeutig.		Dies kann – im Gegensatz zu den Stunden 8 und 9 – eine helle, fröhliche Stunde werden: Gott wird in der Schöpfung spürbar. Ein Wermutstropfen: Er wird nicht eindeutig erlebt. Schüler ermutigen, von eigenen Erfahrungen zu erzählen. *Materialien:* Bibeln Mat. 15–17
11. Stunde Gott in der Schöpfung II: Naturwissenschaftler antworten	– Bildbetrachtungen (Mat. 18) – Klassengespräch über den Zufall – Textarbeit (Mat. 19)	– Das Staunen als eine condicio humana erkennen und wieder lernen. – Den Begriff „Zufall" in seiner Begrenztheit wahrnehmen. – Die Bekenntnisse großer Forscher kennenlernen.	*Mögliche Hausaufgabe:* Bearbeitung des Textes von B. Russell (Mat. 20)	Einen Globus nur dann in diese Stunde mitbringen, wenn zu erwarten ist, daß die Schüler auf diese halbernste Diskussionsebene einsteigen können. Deutlich machen, daß den Bekenntnissen großer Forscher (Mat. 19) natürlich auch eine Liste atheistischer Aussagen entgegengestellt werden könnte. *Materialien:* Mat. 18–20
12. Stunde Gott in der Geschichte des einzelnen und der Gesellschaft	– Klassengespräch über individuelle Gotteserfahrungen – Textarbeit (Mat. 22) – 5. Mose 26/1–11 – Bildbetrachtung (Mat. 24)	– Die Schüler sollen neben der Natur die Geschichte als Feld der Gotteserfahrung kennenlernen.		So nah den Schülern Gotteserfahrungen im individuellen Bereich sind, so fern liegen ihnen Gotteserfahrungen im gesellschaftlichen Bereich. Was in alttestamentlichen Zeiten selbstverständlich war, das ist uns heute fremd und ungewohnt. *Materialien:* Bibeln Mat. 21–24

13. Stunde: Gott wird in Jesus eindeutig I	– Johannes 10/30 Johannes 1/14 – Bibelarbeit zu Markus 9/3–10	– Die Schüler sollen die Bedeutung Jesu für den Gottesglauben der Christen erkennen. – Sie sollen sich selbst erkennen als Wanderer auf den Berg der Verklärung.	Hausaufgabe: Bearbeitung des Textes von Y. Spiegel (Mat. 25)	Der Lehrer muß prüfen, ob er die theologische Konzeption dieser Stunde vertreten kann. Er darf den Schülern nicht verschweigen, daß die Eindeutigkeit Gottes in Jesus nur dem Glaubenden gewiß ist. *Materialien*: Bibeln Mat. 25
14. Stunde Gott wird in Jesus eindeutig II	– Klassengespräch über Nähe und Distanz zu Jesus – Textarbeit (Mat. 26) zu Jesu Gottesbild – Lukas 15/11–32	– Die Schüler sollen das Gottesbild Jesu und des Neuen Testaments kennenlernen ... – ... und seine Bedeutung für uns heute.		Das Ziel der Stunde, die Inhalte des neutestamentlichen Gottesbildes, darf nicht aus dem Auge verloren werden. *Materialien:* Bibeln Mat. 26 Mat. F, G
15. Stunde Ein erster Blick über den Zaun: Gott in anderen Religionen	– Arbeit an zwei Zeugnissen aus dem Zen-Buddhismus – Arbeit an zwei Suren – Arbeit an einem Text aus dem Hinduismus	– Die Schüler sollen lernen, angemessen mit Zeugnissen fremder Religionen umzugehen. – Viele Zeugnisse offenbaren eine wunderbare Tiefe.	*Hausaufgabe:* Bearbeitung des Textes (Mat. 30) „Die Schönsten Namen Gottes“)	Den Schülern muß an geeigneter Stelle im Unterricht gesagt werden, daß es natürlich auch entscheidende Unterschiede zu anderen Religionen gibt, daß in dieser Stunde ganz bewußt Ähnlichkeiten herausgestellt werden. *Materialien:* Bibeln Mat. 27–30 Mat. H
16. Stunde Ein zweiter Blick über den Zaun: Die Gottesleugner	– Textarbeit (Mat. 31) – Klassengespräch über menschlich verständlichen Atheismus (Mat. I)	– Natürlich interessieren sich Schüler sehr für die verschiedenen Ansätze des Atheismus.	Hausaufgabe: Bearbeitung des Textes von d'Holbach (Mat. 32)	Die Schüler sollen in ihrem speziellen Interesse an atheistischen Positionen gewürdigt werden. Der Lehrer sollte die Schüler zu

Stunde	Inhalt (Kurzfassung)	Begründung	Referate/ Hausaufgaben	Vom Lehrer besonders zu beachten
	– Ein Gespräch über den Marx'schen Atheismus	– Sie sollen einige kennenlernen, kritisieren, aber auch würdigen können.		einem differenzierten Umgang mit dem Atheismus anleiten. *Materialien:* Mat. 31, 32 Mat. I
17. Stunde Über Gott reden – Mit Gott reden	– Lehrerreferat zu den Gottesbeweisen (fak.) – Textarbeit (Mat. 33) zu biblischem Reden von Gott – Klassengespräch über ein exemplarisches Gebet	– An den Gottesbeweisen kann noch einmal klargemacht werden, daß objektivierendes Reden Gott nicht erreicht, – daß allein reden zu und mit Gott, also das Gebet, eine angemessene Redeform ist.		Die Vermittlung der Gottesbeweise sind weniger wichtig als die formalen Strukturen: Beweise – Hinweise Reden über Gott – Reden mit Gott *Materialien:* Mat. 33, 34
18. Stunde: Vor Gott leben	– In meditativer Form soll eine gemeinsam vorbereitete Stunde Elemente der Unterrichtseinheit aufnehmen und aktualisieren. – Mit Bibelworten, Musik, Kerzen, Bildern und anderen Texten soll diese Einheit einen guten Schluß finden.	– In jedem Unterricht, besonders aber im Religionsunterricht, läuft sehr viel mehr über die Gefühlsebene als über den Verstand. Dem wird hier Rechnung getragen.		Der Lehrer soll Kerzen und Streichhölzer nicht vergessen. Störungen der nachdenklichen Atmosphäre nach Möglichkeit vermeiden; die Schüler beteiligen, aber auch sich selber mit Bibelworten, Texten, Bildern einbringen. *Materialien:* Bibeln Mat. J Mat. 35, 36

Stundenbeschreibungen

1. Stunde: Offenbarung – was ist das?

A. Methodisch-didaktische Vorbemerkungen

Wie jede erste Stunde einer neuen Unterrichtseinheit ist auch diese erste Stunde von besonderer Wichtigkeit: Sie soll den Schülern nicht nur Inhalte, Fragen und Methoden signalisieren, sondern sie auch motivieren, engagiert an dem neuen Thema zu arbeiten. Hier nun soll mit Hilfe des Leitbegriffs „Offenbarung“ versucht werden

- die Schüler vor die klassische Frage zu stellen, ob Gott und gegebenenfalls wo Gott sich offenbart;
- die Schüler nicht nur rational, sondern auch meditativ und subjektiv an dieser Frage teilhaben zu lassen;
- den Schülern deutlich zu machen, daß wir es bei diesem Thema mit einer reichen theologischen Tradition zu tun haben, die es wenigstens partiell auch zu lernen gilt.

Eine wichtige Vorentscheidung muß der Lehrer in sorgfältiger Erwägung der Möglichkeiten seiner Lerngruppe fällen: Mit welchem Bild soll in Phase 2 gearbeitet werden? Drei Bilder bieten sich m. E. an:

1. Das im Materialheft abgebildete Werk von Peter Foeller „Wolkenwand“, das durchaus anspruchsvoll ist und den Schülern einiges abverlangt.
2. Der Holzschnitt von Andreas Felger „Gleichnis vom Schatz im Acker“ (Mat. A), zu dem Schüler einen leichteren Zugang finden. Diese Meditationsvorlage eröffnet dann, wenn der Titel genannt wird, zusätzlich die Möglichkeit, das Gleichnis in Matthäus 13 zu lesen und den „Schatz im Acker“ als Offenbarung zu meditieren. Das Bild sollte den Schülern also ohne Titel gezeigt werden.
3. Das in seiner Einfachheit geniale Werk von Barnett Newman „Be I“ (Es werde), 2. Version 1970, das hier nicht wiedergegeben ist. Es findet sich in „Die Bibel in der Kunst des 20. Jahrhunderts“, Deutsche Bibelgesellschaft 1988, S. 13.

B. Ziele der Stunde

Am Ende dieser Stunde sollen die Schüler wissen,

- daß es in dieser Einheit um die Frage geht, ob Gott sich offenbart, wo er sich gegebenenfalls offenbart, mit welcher Sicherheit Menschen dies sagen können und ähnliches mehr;
- was Offenbarung ist und was dazu gedacht worden ist;
- daß sie in dieser Unterrichtseinheit auch mit ihren Gedanken, Vermutungen, Hoffnungen zur Sprache kommen können und kommen sollen;
- daß Menschen entsprechend der Warnung von Prediger 5/1 nur recht vorläufig über Gott nachdenken und von Gott sprechen können;
- daß diese Unterrichtseinheit interessant zu werden verspricht. Sie sollen gespannt die nächsten Stunden erwarten.

C. Stundenverlauf

Das kleine Vorgespräch in **Phase 1** soll die Schüler ermuntern, mitzudenken und mitzureden. Die Unterscheidung von „erfinden“ und „entdecken“ fällt ihnen im allgemeinen nicht schwer. Aber was ist Offenbarung? Nach einigen Versuchen, sich diesem Begriff zu nähern, kann die Überleitung zur nächsten Phase sehr wohl so geschehen, daß der Lehrer den Schülern ausdrücklich einen meditativen Weg vorschlägt.

In **Phase 2** wird dann ein Bild vorgelegt (Mat. 1). Die Schüler sollten ein wenig stille Zeit haben, um das Bild in Ruhe zu betrachten und Entdeckungen zu machen. Erst dann sollte das Unterrichtsgespräch beginnen. Dabei sollten zuerst die Gefühle abgerufen werden: Hat Ihnen das Bild gefallen, hat es Ihnen nicht gefallen? Hat es Sie verwirrt? Mit den Fragen, wie sie im Stundenblatt unter Methoden/Sozialformen verzeichnet sind, wird dann ein sehr exakter Weg gegangen, an dessen Ende – zwar noch mit Hilfe des Bildes – dem Begriff „Offenbarung“ nachgespürt wird.
Dieser Phase muß zureichend Zeit zugestanden werden. Die Schüler müssen sich in Ruhe dem Bild aussetzen können, müssen Zeit haben, ihre Gefühle wahrzunehmen. Das anschließende Gespräch muß auch abwehrende und kritische Stimmen zu Wort kommen lassen. Nicht jeder Schüler kann auf Anhieb mit solchen Methoden erfolgreich umgehen (auch nicht jeder Lehrer). Es soll genügen, wenn den Entdeckungen der anderen aufmerksam zugehört wird.
Peter Foeller (Mat. 1) wurde 1945 in Starnberg geboren. Er lebt und arbeitet seit 1966 in Berlin. Seine bevorzugten Themen sind alogische, subjektive, meditative Landschaften.
Andreas Felger (Mat. A. s. S. 27) wurde 1935 geboren. Er arbeitet vor allem als Holzschnitzer. Zentrale Themen seines Schaffens sind die Bibel und die Natur. Felger gehört der evangelischen Jesus-Bruderschaft an.

Phase 3 verzichtet auf das Bild, verlangt generalisierendes Nachdenken und vertieft mit zwei wichtigen Elementen: Gott als Gott der Befreiung und als Gott des Widerspruchs und der Rebellion gegen Unterdrückung ist sowohl im Blick auf die jüdisch-christliche Tradition wie auch im Blick auf die Situation der Schüler von großer Bedeutung. Die Neu- und Nachdichtung des 150. Psalms von Ernesto Cardenal (Mat. 2) wird die Schüler durch die überschäumende Freude beeindrukken, die darin zum Ausdruck kommt. So können Schüler auch empfinden.

Die **Phase 4** (Schluß) liegt vor allem in den Händen des Lehrers. Die Warnung nach Prediger 5/1 ist angebracht, weil Schüler u. U. von dieser Unterrichtseinheit bzw. von ihrem Lehrer erwarten, er könne sie dadurch von quälender Ungewißheit und eigener Suche befreien, daß er ihnen Gott beweise. Das Referat mit anschließender Ergebnisfixierung ist über den Inhalt hinaus als Signal für die Schüler gedacht: Wir befinden uns in der Schule. Hier soll gedacht, gearbeitet und gelernt werden.

Mat. A
Andreas Felger, Das Gleichnis vom Schatz im Acker

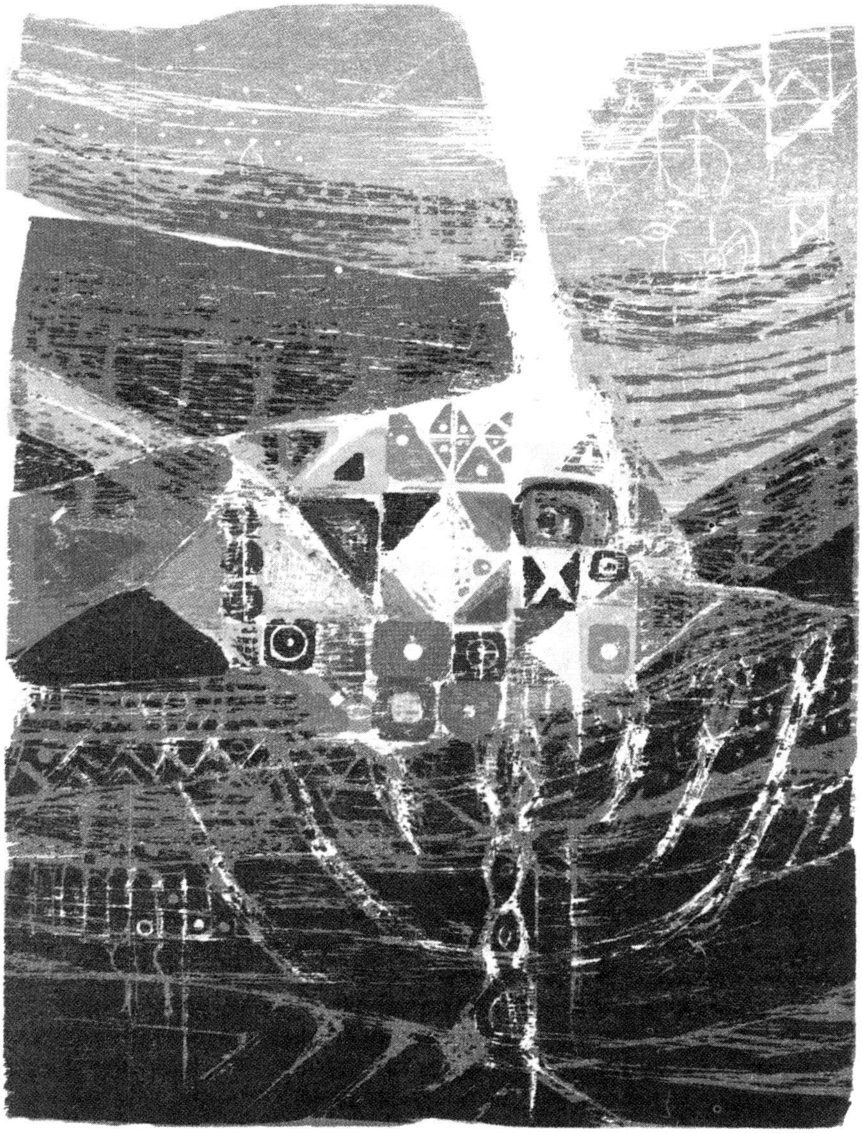

in: Andreas Felger, Farbholzschnitte, Bilder, Reliefs, © Präsenz Verlag, Hünfelden 1985

2. Stunde: Die eigenen Gottesvorstellungen wahrnehmen

A. Methodisch-didaktische Vorbemerkungen

Das Thema „Eigene Gottesvorstellungen wahrnehmen“ kann für den einen Schüler so interessant und wichtig sein, wie es für den anderen belastend und abstoßend sein kann. Dem hat der Lehrer insofern Rechnung zu tragen, als er Gesprächsangebote macht, aber nicht darauf besteht, daß Schüler diese Angebote wahrnehmen und sich äußern. Nichts wäre verkehrter, als Zwang auszuüben.

Die Deckerinnerung ist im individuellen Erfahrungsbereich die exakte Parallele zum Urzeitmythos in der Erinnerung der Völker: Sie gibt keine historischen Tatsachen wieder, stellt aber sehr wohl eine verdichtete Zusammenfassung dessen dar, was der Erzähler damals und heute (!) gedacht und geglaubt hat bzw. glaubt. Es kann nicht die Aufgabe des Lehrers sein, nachfragend und deutend diesen Deckerinnerungen nachzugehen. Er muß aber wissen, daß er es hier mit Inhalten zu tun hat, die für den Erzähler bzw. Schüler von zentraler Bedeutung sind, und muß äußerst behutsam mit ihnen umgehen.

Diese Behutsamkeit und Respektierung des Schülers gilt naturgemäß auch für die Bekanntgabe der Befragungsergebnisse. Niemals darf die Anonymität preisgegeben, ein Schüler bloßgestellt werden. Die Arbeit an den Bibeltexten setzt einen wichtigen Akzent: Die Gott*suche* ist das Leben.

Der letzte Gedankenschritt will davor warnen, sich in vordergründiger Weise auf eine Form der Gotteserfahrung, auf die Bekehrung, festzulegen und sich in selbstquälerischer Weise darum zu bemühen. Gott hat mehr Möglichkeiten, als Menschen sich ausmalen können.

B. Ziele der Stunde

Die Schüler sollen am Ende dieser Stunde

- über ihre früheren und jetzigen Gottesvorstellungen gesprochen haben.
- Sie sollen begriffen haben, daß sie Gottesvorstellungen besessen und abgelegt haben, und daß dies ein ganz normaler Vorgang ist.
- Sie sollen gelernt haben, daß biblische Schriftsteller wie Amos oder Paulus der Suche nach Gott einen hohen Stellenwert einräumen, weit über jeder Verteidigung von amtlichen Lehrsätzen.
- Deshalb gilt es, wie M. Buber es formuliert, für die Stimme offen zu bleiben. Gottesbilder können und sollen verworfen werden.
- Ebenso ist zu verwerfen, die punktuelle Bekehrung als die einzige Form der Selbstoffenbarung Gottes gelten zu lassen.

C. Stundenverlauf

In **Phase 1** sollen die zwei Kinderbriefe (Mat. 3) die Stimmung auflockern. Sie sollen amüsieren und die Schüler motivieren, von eigenen, früheren Gottesvorstellungen zu sprechen. Die vorgeschlagene Sitzordnung soll die Gesprächsatmosphäre fördern. Auch der Lehrer kann sich mit seinen Deckerinnerungen in das Gespräch einbringen. Bewertungen und Beurteilungen im Sinne von richtig oder falsch sind hier nicht am Platz. Nachfragen zum besseren Verständnis sind gestattet. Das Klima der Gesprächsrunde muß partnerschaftlich sein.

Mat. B

Ein Fragebogen zur Gottesvorstellung

Tragen Sie die jeweilige Nummer in die entsprechende Spalte ein!	trifft zu	trifft gelegentlich zu	trifft nie zu
I. Wann spüren Sie Gott? 1. In der Natur 2. In der Liebe/Mitmenschlichkeit 3. In der Bibel 4. In Notlagen 5. Im Gebet 6. Immer 7. Nie II. Was ist Gott für Sie am ehesten? 8. Person 9. Alt 10. Jung 11. Männlich 12. Weiblich 13. Kraft/Energie 14. Licht 15. Nichts III. Was tut Gott für Sie? 16. Er tröstet 17. Er beruhigt 18. Er gibt Ratschläge 19. Er beurteilt 20. Er warnt 21. Er ängstigt 22. Er vermittelt Schuldgefühle 23. Er tut nichts IV. Was tut nach Ihrer Meinung Gott für die Welt? 24. Er stürzt die Mächtigen 25. Er bannt Kriegsgefahren 26. Er steht auf der Seite der Armen und Ohnmächtigen 27. Er tut nichts in der Politik 28. Er tut nichts für die Welt V. Wenn Gott nicht wäre ... 29. ... dann bräche für mich eine Welt zusammen 30. ... dann würde er durch andere Sinnbilder ersetzt werden 31. ... dann würde sich gar nichts ändern			

Der Fragebogen (Mat. B, s. S. 29) der **Phase 2** wird in der üblichen Sitzordnung bearbeitet. Vor der Bearbeitung wird den Schülern mitgeteilt, was der Lehrer mit den Ergebnissen vorhat: „Viele von uns scheuen sich, über ihre Gottesvorstellungen zu reden. Wenn wir mit einem Fragebogen arbeiten und auf die Namen verzichten, wird es fast allen möglich sein, von ihren Vorstellungen und Erfahrungen zu sprechen. Ich habe vor, die Fragebogen auszuwerten und euch die Ergebnisse in der nächsten Stunde mitzuteilen. Dann können wir darüber reden."
Es hat sich bewährt, zur Bearbeitung der Fragebögen Bleistifte zu benutzen. Dann können die benutzten Bogen in der nächsten Stunde erneut ausgeteilt, die Eintragungen ausradiert und die Ergebnisse – jetzt mit Tinte oder Kugelschreiber – eingetragen werden.

Die **Phase 3** ist von herausragender Bedeutung: Schüler verstehen Bibel und Kirche häufig als einen Hort von Glaubenssätzen, die es zu übernehmen gelte, und viel zu wenig als einen lebendigen Prozeß, einen Raum, in dem Gott Wege mit dem Menschen gehen will. Diesem Mißverständnis wird hier entgegengearbeitet.
Bei der Bibelstelle Apg. 17/27 darf nicht übersehen werden, daß das Wort „spüren" am Schluß des Kapitels in einer Fußnote als „tasten" erklärt wird (so in der Züricher Übersetzung) und daß das Wort „finden" nicht im Sinne der Aneignung als ewigen Besitz gemeint ist.
Diese Phase verlangt eine Ergebnisfixierung.

Die **Phase 4** (Schluß) hat eine durchaus wichtige Aussage zum Inhalt. Unter Umständen kann der Lehrer mit dieser Warnung vor einer gedanklichen Engführung diesen oder jenen Schüler vor schlimmen Belastungen bewahren.
Sollte die Zeit nicht mehr ausreichen, kann der Text (Mat. 4) als Hausaufgabe aufgegeben werden, oder der Lehrer vermittelt den Inhalt dieses Unterrichtschritts verbal in gebotener Kürze.

3. Stunde: Gottesbilder I: Eine Übung

A. Methodisch-didaktische Vorbemerkungen

Ist ein anfänglicher Widerstand der Schüler überwunden, der nicht selten aus einer gewissen Lethargie und Unbeweglichkeit erwächst („Warum denn die Tische umstellen?"), wird diese Stunde üblicherweise von Schülern und Lehrer durchaus genossen. Die Absichten sind klar: Die Schüler müssen sich, gezwungen durch die Aufgabenstellung, über ein sachgemäßes „Gottesbild" unterhalten. Die Methode ist ungewöhnlich und darum reizvoll. Am Ende der Stunde liegt ein Ergebnis vor, das man sich selbst verdankt. Der anfängliche Widerstand wird leichter überwunden, wenn der Lehrer Bilder von anderen Klassen mitbringen kann und in Aussicht stellt, diese zum Schluß zu zeigen und zur Diskussion zu stellen.
Es muß damit gerechnet werden, daß von Schülerseite der Einwand erhoben wird, diese Aufgabe widerspreche dem Bilderverbot nach 2. Mose 20. Wenn das der Fall ist, muß der Lehrer in gebotener Kürze darauf hinweisen, daß auch die Bibel nicht ohne Gottesbilder wie z.B. König, Richter, Hirte auskomme und daß das 2. Gebot davor warnen wolle, solche Bilder zu verabsolutieren, d.h. sie mit Gott selbst zu verwechseln.
Der Lehrer darf nicht vergessen, daß er bei den Schülern im Wort steht: Sollte absehbar sein, daß die Zeit am Ende der

Mat. C

Siegfried Schulz,
Die Blindgeborenen und der Elefant

Als der dritte Tag des großen Festes gekommen war, ließ der Fürst einen Elefanten in den Tempelhof führen und gab den Befehl, alle Blindgeborenen der Stadt sollten den Elefanten betasten und dann sagen, wie ein Elefant aussehe. Voll Eifer machten sich die Blindgeborenen daran, den Befehl ihres Fürsten auszuführen. Der erste griff nach dem Ohr des Elefanten, der zweite nach dessen Bein, der dritte nach dem Rüssel, der vierte betastete den Bauch, der fünfte beschäftigte sich mit der Schwanzquaste und so fort.
Der, der das Ohr ergriffen hatte, sagte, der Elefant sei wie ein Fächer oder wie ein Palmblatt. Der, der das Bein betastet hatte, sagte, ein Elefant sei wie ein Baumstamm oder wie eine Säule. Derjenige, der den Rüssel gefaßt hatte, sagte, der Elefant sei wie ein dickes Rohr, aber warm und weich. Der Blinde, der den Bauch berührt hatte, war überzeugt, der Elefant sei am besten als Vorratsbehälter, als dicker Topf oder Tonne zu beschreiben. Und jener, der die Schwanzquaste in der Hand gehalten hatte, war sich ganz sicher, ein Elefant sei wie ein Besen oder eine Bürste.
Da lachte der Fürst sehr und forderte die Blinden auf, sich zu einigen. Aber die schrien und stritten und ballten die Fäuste, denn jeder war überzeugt, ein Elefant sehe gerade so aus, wie er ihn ertastet und beschrieben habe.
Buddha aber, der Erleuchtete, fügte an diese Erzählung folgende Bemerkung an: Genauso, meine Brüder, verhält es sich mit Gott. Menschen erkennen immer nur einen Teil von ihm, nie aber seine ganze Größe. Warum also streitet ihr miteinander?

Bei dieser Erzählung handelt es sich um eine Wanderlegende, die in ähnlicher Form immer wieder erzählt wird. Vergleiche dazu: „Reden des Buddha“, übersetzt von Ilse-Lore Gunsser, Reclam 6245, Stuttgart 1971, S. 51–53

Stunde nicht ausreicht, die Ergebnisse der Umfrage aus der letzten Stunde mitzuteilen, muß im Einvernehmen mit der Klasse beschlossen werden, entweder die Arbeit an den Bildern zu verkürzen oder die Mitteilung der Umfrageergebnisse auf die nächste Stunde zu verschieben.

B. Ziele der Stunde

Am Ende dieser Stunde sollen die Schüler
- untereinander ein Gespräch über Gott und Gottesbilder geführt haben;
- als Ergebnis dieses Gesprächs den Entwurf eines Bildes zu diesem Thema skizziert haben;
- erlebt haben, wie unterschiedlich schon in ihrer Gruppe Gott gesehen wird;
- zu etwas mehr religiöser Toleranz geführt worden sein;
- ein Blick dafür gewonnen haben, wann, wo und wie Gott für die Mitschüler spürbar wird;
- u. U. einen ersten Hinweis auf das richtige Verständnis des Bilderverbots im Alten Testament erhalten haben.

C. Stundenverlauf

Am Anfang der Stunde sollte der Hinweis erfolgen, daß geplant ist, die Befragungsergebnisse am Ende der Stunde mitzuteilen und zu besprechen. Falls die Schüler eine sofortige Mitteilung vorziehen, muß darauf geachtet werden, daß ein zureichender Zeitrahmen für die Arbeit an den Bildern bleibt.

In der **Phase 1** wird die Aufgabe vorgestellt. Je konkreter dies geschieht, desto eher und leichter werden die Schüler die Aufgabe akzeptieren. Ein konkreter Vorschlag findet sich in den Stundenblättern. Die Gruppen sollten aus je etwa 4 Schülern bestehen. Das Papierformat sollte der Gruppenarbeit entsprechen. Bewährt hat sich preiswertes Schnittmusterbogenpapier, das ein Format von 75 mal 100 cm besitzt. Allerdings ist es relativ dünn. Natürlich brauchen die Schüler zunächst Zeit, um eine gemeinsame Vorstellung im Gespräch zu entwickeln.

Die **Phase 2** muß unter Umständen energisch gegen die Schüler durchgesetzt werden, die jetzt viel lieber an der Ausarbeitung ihrer Bilder bleiben möchten. Entscheidend ist aber nicht die diffizile Ausgestaltung, sondern daß die Idee der Arbeit erkennbar ist. Das Klassengespräch hat zunächst deutenden Charakter, dann können die Gestalter des Bildes ergänzen. Das Vorlesen der Erzählung „Die Blindgeborenen und der Elefant“ (Mat. C, S. 31) betont den Toleranzgedanken, auf den dieser Arbeitsschritt auch abzielt. Das Lernziel ist affektiv. Eine Besprechung erübrigt sich.

Die **Phase 3** (Schluß) nimmt die Umfrage der letzten Stunde auf. Einzelheiten dazu sind im Stundenverlauf der 2. Stunde, Phase 2, schon mitgeteilt worden. Es muß Lehrer und Schüler überlassen bleiben, welche Beobachtungen sie an den Ergebnissen machen und welche Deutungen sich ihnen nahelegen.

4. Stunde: Gottesbilder II: Ihre Abhängigkeit

A. Methodisch-didaktische Vorbemerkungen

Während in der 3. Stunde in einer fast spielerischen Weise den individuellen Gottesbildern der Schüler nachgegangen wurde, wird jetzt in zwei Schritten ein allgemeiner Horizont abgeschritten: Zunächst werden, noch ausgehend vom Schicksal eines einzelnen, Faktoren erhoben, die das jeweilige Gottesbild beeinflussen, u. U. auch bilden. Dann wird mit Hilfe des Films und der Hausaufgabe den Schülern nahegebracht, die Abhängigkeit menschlicher Gottesvorstellungen in der Geschichte zu beobachten.
Diese Aufgabenstellung ist im Blick auf 15- bis 16jährige Schüler von besonderer Wichtigkeit, weil sie das Verwerfen von Gottesvorstellungen subjektiv als Unglaube erleben und darunter leiden; weil sie andererseits geneigt sind, sich zusammen mit dem Verlassen von Gottesbildern von der Suche nach Gott überhaupt zu dispensieren und der Religion und dem Glauben den Rücken zu kehren.
Wenn das Klassengespräch den vorgegebenen Zeitrahmen sprengt, so sei der Kollege nachdrücklich ermutigt, dem Klassengespräch den Vorrang zu geben. Der in den Stundenblättern gesetzte Zeitrahmen hat seine erste Aufgabe in einer sinnvollen Strukturierung zu erfüllen. Je lebendiger sich Schule vollzieht, desto weniger wird der Zeitrahmen einzuhalten sein.

B. Ziele der Stunde

In dieser Stunde sollen die Schüler lernen,
- daß sich die Gottesbilder und Gottesvorstellungen des einzelnen wie ganzer Gesellschaften wandeln;
- von welchen Faktoren Gottesbilder abhängig sind;
- daß fremdartige und unzugängliche Gottesvorstellungen als erstes zur Toleranz herausfordern;
- wie Gottesbilder für menschliche Absichten mißbraucht wurden und mißbraucht werden;
- daß es gilt, im Fragen und Sehnen nach Gott zu bleiben, sich um das Hören der Stimme Gottes zu mühen, auch wenn Bilder verfallen.

C. Stundenverlauf

Die **Phase 1** beginnt mit dem Vorlesen der Erzählung von E. Schnydrig „Der geduldige Hiob und seine zwei Ferkel" (Mat. D, S. 34). Einer einführenden Erklärung bedarf es nicht. Allerdings sollte der Lehrer die Erzählung vorher genau durchgelesen haben. Sie stellt gewisse Anforderungen an den Leser. Sobald die Schüler erkennen, daß hier und wie hier ein Sohn über die Gottesbeziehung seines Vaters schreibt, herrscht gespannte Aufmerksamkeit im Klassenzimmer. Auf die Unterbrechung darf nicht verzichtet werden. Das Gespräch sollte zügig vom Einzelfall der Erzählung fortschreiten zu der allgemein gestellten Frage nach den Bedingungen von Gottesbildern. Die Frage, ob denn der Vater seinen Glauben verloren habe, zielt auf den zweiten Teil der Erzählung, der von der Aufgabenstellung dieser Stunde her nicht unbedingt notwendig ist. Doch haben Schüler immer nach diesem zweiten Teil verlangt.

Zu Beginn der **Phase 2** sollte der Fragebogen „Fragen zum Film: ‚... und schufen ihn nach ihrem Bild und Gleichnis'" (Mat. E, S. 37) den Schülern vorliegen. Damit wird vermieden, daß der Zeichentrickfilm als pure Unterhaltung mißverstanden wird. Nach der Filmvorführung folgt eine Stillarbeitsphase, dann ein Klassengespräch, bei dem die Ergebnisse verglichen, korrigiert und bewertet werden: War das wirklich so? Gibt der Film die Rolle der Religion in der Vergangenheit im wesentlichen richtig wieder?
Mögliche Antworten auf die Fragen des Fragebogens sind dem beigefügten Kasten (S. 38) zu entnehmen.
Eine Ergebnisfixierung schließt sich an.

Die **Hausaufgabe** (Mat. 5) führt den Gedankengang der Phase 2 weiter, setzt aber andere, auch aktuellere kritische Akzente. Ob eine Eintragung der Ergebnisse in die Hefte sinnvoll ist, mag jeder Kollege selbst entscheiden. Eine Lösung der Hausaufgabe findet sich auf dem Stundenblatt.

Ernst Schnydrig,
Der geduldige Hiob und seine zwei Ferkel
(1. Teil:)

Mein Vater war ein Bergbauer. Eigentlich war er Zimmermann, und wahrscheinlich habe ich davon meine Vorliebe für Holzgerüche. Aber er war mit seinem Gebälk in 1600 m Höhe zwischen zwei Kühen und ein paar Geißen aufgewachsen, und die Höhenluft, der Berg und der Viehgeruch gehen tiefer ins Blut als die abgeschabten Hobelspäne.
Und so ist ihm der Abschied denn auch sehr schwer geworden, als die sogenannte höhere Gewalt ihn von der Bergflanke weg ins Tal hinunterfegte. Er war gerade daran, seine Zimmermannskunst endlich auch für ein eigenes kleines Haus einzusetzen und hatte uns Kinder, drei Buben und ein Mädchen damals, auch schon notdürftig unter Dach gebracht. Da donnerte der Krieg in seine hübschen Pläne. Erster Weltkrieg, vier Jahre Wehrdienst. Und daheim zurückgeblieben die Mutter mit vier ahnungslosen strohblonden Kleinkindern. Sie taten, was sie konnten, die Mütter, in jenen schweren Jahren. Weiß nicht, wie sie es schaffte, uns mit Suppe, Geißenmilch und Weihwasser über die Jahre zu bringen, denn es gab damals noch keine geregelte Kriegsfürsorge.
Kurzum, als Vater zurückkehrte, verkaufte er das halbfertige Haus und zog mit seiner Familie ins Tal hinab, wo sich neue Industrien angesiedelt hatten.
War damals ein Bub von fünf Jahren und hatte großen Spaß am Umzug. Unser Hausrat wurde auf Waldschlitten den Berg hinabgeschleift bis zur nächsten Bahnstation. Diese Bahnstation wurde von einem roten Züglein bedient, das wußte ich. Habe die winzigen roten Wägelchen oft tief unten im Tal herumschlüpfen sehen, wenn ich in meines Vaters korngelben Bergäckerchen an der Sonne lag. Damals hatten die Bahnhöfe noch große Stahlglocken, die mit Hammerschlägen das Anfahren des Zuges bimmelten. Also bimmelte es plötzlich und Vater sagte: „Das ist unser Zug." Wir haben einen Zug, dachte ich. Ich war mächtig stolz, daß wir einen Zug hatten, nicht bloß Ofen, Tisch und Stuhl und Bettstatt, sondern auch einen Zug.
Mein Vater hielt es nicht für nötig, mich aufzuklären. Er schob uns schweigend über das Trittbrett in den Wagen und hat auch nachher auf dem Holzbänkchen nicht viel gesprochen. Er schaute zum Fenster hinaus und sah, wie der fahrende Zug, dagedag – dagedag – dagedag, ihm die ganze gewohnte Umwelt mit Fels, Wäldern und Äckern wegstahl.
Erst später habe ich begriffen, was dieser Abschied für ihn war. Er hat noch lange abgeben müssen und hat sich von diesem Abblättern nie erholt. Es waren nicht bloß die Kühe und die Äckerchen, die er hergeben mußte. Zuletzt auch das gemeinsame Tischgebet, den abendlichen Rosenkranz und so vieles andere dazu, das am Berg die Familie zusammenhält und dann später von der Fabrik mit ihren herrischen anderen Gesetzen und Zeiteinteilungen zerbrochen wurde. Ich weiß nicht, wie mein Vater diesen Zerfall seelisch abgelagert hat. Man lernt vom Berg auch das Schweigen, und in der Großfamilie, wie sie früher üblich

war, war für Intimität zwischen Eltern und Kindern ohnehin wenig Platz. Bloß, das fiel mir auf, seinen Bergschritt hat er nie verloren, mein Vater. Auch die giftigsten Fabriksirenen haben dieses bedächtige, knie-wippende Vorwärtsschreiten nicht aus dem Rhythmus geschlagen.

Und da waren dann noch als letztes übriggebliebenes, zäh verteidigtes Statussymbol zwei Ferkel. Zwei Ferkel, die jeweils im Frühjahr eingekauft und im Spätherbst dann geschlachtet wurden. Man kann es einem Mann, der schließlich für acht Kinder den Hunger vollstopfen muß, nicht übelnehmen, wenn er sich mit Ferkeln behilft, um über die Runden zu kommen. Aber wir Kinder wußten sehr wohl, daß diese Ferkel nicht bloß ernährungstechnisch fundiert, sondern auch eine Ersatzhandlung waren; letztes Auftrotzen eines Bauern, den man vom Vieh und den Feldern abgedrängt und in die Fabrik vor die Maschine befohlen hatte. Die Sorgfalt, mit der er seine Tiere betreute, war schon fast eine Kulthandlung.

Und da ist es dann eines Tages passiert. Er hatte, wie gewohnt, im Februar zwei neue quiekende rosafarbene Spanferkel ins Stroh gelegt, und ein paar Tage später, als er in den Stall kam, lag eines davon tot auf dem Strohhaufen.

Und jetzt ging das aber los: die Mutter kochte und dämpfte den ganzen Tag allerbestes Ferkelfressen, das man sich nur ausdenken kann. Und Vater lief in einer Art Ketteneinsatz mit dampfenden Kübeln. Vater lief mit den Kübeln und Mutter in dieser bedrohlichen schwierigen Zeit doppelt fleißig zur Messe.

Mutter war eine stämmige, breite Frau. Und so breit und stämmig stand sie eines Morgens am Hauseingang, unter dem Arm ein altes dickes Gebetbuch. Sie war gerade daran, mit ihren Kindersorgen und Ferkelängsten zur Messe zu gehen. Da erscheint der Vater mit seinen Kübeln am anderen Ende der Gasse und ruft ihr zu: „Brauchst nicht mehr zur Messe zu gehen, das zweite ist auch verreckt." Wir halbwüchsigen Kinder haben damals über diesen Satz gelächelt, über diesen abrupten, temperamentvollen Abbruch der himmlischen Beziehungen. Wahrscheinlich waren wir von der Schule schon verbildet und dachten, daß es doch wohl etwas gewagt sei, die christliche Frömmigkeit so offenkundig als Ferkelvorspann zu benutzen. Das war dumm von uns; wir hatten noch zu wenig Erfahrung, wir wußten es nicht besser. Später hat das Leben uns dieses Lachen über die Ferkel oft auf sehr bittere Art korrigiert.

Denn natürlich hatte mein Vater recht, wenn er mit einem Gott unzufrieden war, der ihm nun auch noch dieses letzte bäuerliche Überbleibsel, seine Ferkel, stahl. Er hat in einer Sprache geklagt, die ihm zugänglich war, über das Wenige, das ihm zuerst gegeben und dann wieder sinnlos genommen wurde. Es war sein gutes Recht, auf diese schlichte Bergbauernart den ungeduldig gewordenen Job zu spielen. Denn Gott hat uns nicht als himmlisch verfestigte Alleluja-Engel erschaffen, sondern als ein heißblütiges, vielbedürftiges, erdklumpenschweres Verbrauchervolk; und es bleibt uns doch wohl nichts anderes übrig, als einen Haushalt zu respektieren, dem wir mit unserem vielfältigen Hunger zugeordnet sind. Und wenn es wahr ist, daß wir unsere Tagesration und alles, gar alles – auch die beiden Ferkel – Gottes Hut und Willen anheimstellen sollen, dann muß ich doch zutiefst erschrecken, wenn dieser behütende Gott mir das, was er mir gegeben und für das ich schon gedankt habe, dann unversehens wieder aus der Hand schlägt. Es wäre unmenschlich und darum auch nicht gottgefällig, über eine solche Vaterordnung nicht zu erschrecken, darüber nicht doch wenigstens eine gute Weile traurig zu sein.

(2. Teil:)

Wie mein Vater mit der Vorsehung dann jeweils wieder ins Gespräch kam, darüber haben wir Kinder wenig erfahren. Er war ein großer Schweiger. Wie jemand, der seinen Berg nicht vergessen kann, wo er sein tägliches Brot bedächtig aus der Furche pflücken, abwägen, zerkrümmeln und auskauen wollte. Erst als es mit diesem Mann, der mein Vater war, dann ans Sterben ging, da erst ist einiges über sein verschwiegenes Seelenleben an den Tag gekommen. Er lag da wie eine gemarterte Kreatur, hatte schon längst die Besinnung verloren und betete in dieser geistigen Umnachtung nun mit lauter Stimme seine Gebetsformeln vor sich her, die ein Mensch auswendig lernt, um sie als wohlbehütetes Geheimnis in seiner Seele zu bewahren. Kurze Gebete für sich selbst, Gebete für die Mutter, Gebete für den Segen und das tägliche Brot seiner Kinder. Und zuletzt dann noch stundenlang, stundenlang – ich werde das nie vergessen – bloß noch dieses eine Wort: „in Gottes Namen, in Gottes Namen, in Gottes Namen" ... In Gottes Namen, in allen Stimmhöhen und Tonarten. So wie man es spricht – in Gottes Namen – wenn man eine lästige Arbeit anpacken muß, wenn einem Unrecht geschieht, wenn die Kinder schwere Sorgen machen; und so stundenlang in Gottes Namen, in Gottes Namen, als müßte er alle „in Gottes Namen", die er sein Leben lang hinuntergeschluckt hatte, nun wieder aus seinem Herzen würgen, um sie zusammenzulegen als gehäufte Gottergebenheit für seine allerletzte schwerste Stunde.
Auf dem Friedhof hat es mein Vater gut getroffen. Er wurde neben einem Mann begraben, der als Drehorgelspieler von Dorf zu Dorf seinen Lebensunterhalt einsammeln mußte, weil er beschädigte Hände hatte. Solche Nachbarschaft hätte ihm gefallen. Der Mensch spielt im Leben so selten die selbsterträumte eigene Melodie. Er muß abkurbeln, was ihm ein anderer höherer Wille zugespielt hat. Und das ist kein schlechter Spielmann, der im Nachhinein in Gottes Namen dann auch für sein Herz den Rhythmus sucht für eine Musik, die ihm bloß in die Hände gelegt wurde.

aus: E. Schnydrig „In den Ferien hinter einem großen Stein zu lesen ...",

Mat. E

Fragen zum Film: „Und schufen ihn nach ihrem Bilde“

In jeder Zeit versuchen die Menschen, sich von Gott ein Bild zu machen. Das zu zeigen, ist die Hauptaufgabe des Films. Versuchen Sie, die Aussagen des Films in Worte zu fassen!

Zeit	Gottesbilder	Motiv
1. Steinzeit		
2. Griechen und Römer		
3. I. Stufe: Christentum II. Stufe: Christentum		
4. I. Stufe: Bürgertum II. Stufe: Bürgertum		
5. Erster Weltkrieg		
6. Zweiter Weltkrieg		

Am Schluß des Films ist ein leerer Bilderrahmen zu sehen.

- Was soll damit gesagt werden?
- Wie würden Sie den Bilderrahmen füllen?

Durch den ganzen Film zieht sich wie ein roter Faden ein Dreieck.

- Haben Sie eine Deutung dafür?

Mögliche Antworten:

Fragen zum Film: „Und schufen ihn nach ihrem Bilde“

In jeder Zeit versuchen die Menschen, sich von Gott ein Bild zu machen. Das zu zeigen, ist die Hauptaufgabe des Films. Versuchen Sie, die Aussagen des Films in Worte zu fassen!

Zeit	Gottesbilder	Motiv
1. Steinzeit	Blitz, Tiere, Sonne	Angst, Dank
2. Griechen und Römer	Zeus, Apoll	Macht, Schönheit
3. I. Stufe: Christentum	Dreieck	Bildlose Gottesverehrung
II. Stufe: Christentum	Herrscher, König, Richter	Macht, Herrschaft
4. I. Stufe: Bürgertum	Schöner, lieber Gott	Idealisierung
II. Stufe: Bürgertum	Strenger, strafender Gott	Erziehung
5. Erster Weltkrieg	Vater unser! Vergib uns unsere Schuld!	Schuld, Vergebung, Neuorientierung
6. Zweiter Weltkrieg	Denn dein ist das Reich, und die Kraft und die Herrlichkeit	Verzweiflung, Hoffnung

Am Schluß des Films ist ein leerer Bilderrahmen zu sehen.

– Was soll damit gesagt werden?	Wir müssen auf Bilder verzichten
– Wie würden Sie den Bilderrahmen füllen?	Überhaupt nicht mehr, sondern auf Bilder verzichten

Durch den ganzen Film zieht sich wie ein roter Faden ein Dreieck.

– Haben Sie eine Deutung dafür?	Hinter allen Gottesbildern steht das Wissen und die Sehnsucht nach Gott

5. Stunde: Gottesbilder III: In der Bibel

A. Methodisch-didaktische Hinweise

In dieser Stunde soll den Schülern gezeigt werden, daß sich hinter den Gottesbildern keineswegs eindeutige Eigenschaften und Tätigkeiten Gottes verbergen. Dies gilt in jedem Fall, gleichgültig, ob es sich um die altehrwürdigen Bilder der Bibel handelt oder um moderne Versuche. Schüler folgen diesen Gedanken normalerweise interessiert. Es macht ihnen auch Spaß, eigene Bilder oder Metaphern zu suchen, eigene und fremde, neuzeitlich und altüberlieferte Bilder zu deuten und sich so den Bildern zu nähern.

Unausgesprochen wird die größere Bedeutung der Tätigkeiten und Eigenschaften Gottes betont, wenn aus zwei sehr gegensätzlichen Psalmen gerade das Tun Gottes erhoben wird. Mit den Zeitwörtern zusammen werden dann auch Eigenschaften deutlich. Generell läßt sich sagen, daß das Interesse der biblischen Schriftsteller an Gottesbildern und Gottesvorstellungen gering ist. Im Vordergrund steht für sie das, was Gott tut. Auch diese Beobachtung stößt bei Schülern auf Interesse. Je älter sie sind, desto problematischer erscheinen ihnen Bilder.

Andererseits müssen sie in derselben Stringenz lernen, daß wir auf Gottesbilder angewiesen sind, wenn wir über ihn nachdenken, über ihn reden, ihn kultisch verehren, ihn anreden oder zu ihm beten wollen. Das Bilderverbot in 2. Mose 20 richtet sich ursprünglich sicherlich gegen Gottesbilder aus Stein, Holz oder Metall, wie sie in der Umwelt Israels gebräuchlich waren. Für uns heute bedeutet es auch, sich der Unzulänglichkeit und Vorläufigkeit allen Redens von Gott bewußt zu bleiben.

B. Ziele der Stunde

In dieser Stunde sollen die Schüler erfahren,

- daß es nicht nur altehrwürdige, biblische Gottesbilder gibt, sondern auch moderne;
- wie vieldeutig Gottesbilder sein können, die biblischen genauso wie die modernen;
- auf welche Weise zwei Psalmisten Gott erfahren haben und daß ihre Gottesbeziehung keineswegs problemlos war;
- was mit dem Bilderverbot aus 2. Mose 20 gemeint ist: Menschliches Denken und Reden ist auf Bilder angewiesen. Die Gottesbilder dürfen aber nicht mit Gott selbst verwechselt werden.

C. Stundenverlauf

Die **Phase 1** beginnt mit einer Schreibmeditation: Jeder Schüler soll für sich den Satz ergänzen „Gott ist für mich wie . . .“ Er ist also aufgefordert, seine Gotteserfahrung in einem möglichst passenden Bild zu fassen. Häufig erscheinen Metaphern wie Baum, Nebel, Wasser, Geist u. ä. Mehrheitlich greifen Schüler auf Bilder aus der Bibel zurück, sehr oft ohne das zu wissen. Die Auflistung der Metaphern an der Tafel erweckt Neugier: Was haben die Klassenkameraden geschrieben? Was versteckt sich hinter ihren Bildern? Im nächsten Schritt wird genau dieser Frage nachgegangen: Die Deutungen der Metaphern werden ebenfalls an die Tafel geschrieben, auch und gerade dann, wenn sie widersprüchlich sind. Ein weiterer Arbeitsgang weist nach, welche Metaphern biblisch sind und welche nicht.

Auf diese Weise soll versucht werden, alte und neue Gottesbilder aus einer unreflektiert-statischen Betrachtungsweise in eine reflektiert-dynamische zu überführen und sie so mit neuem Leben zu füllen.

In **Phase 2** wird an zwei Psalmen herausgearbeitet, wie der jeweilige Psalmist Gott erfährt, was Gott an ihm tut. Ist dies schon in Psalm 139 nicht unproblematisch (Friedrich Nietzsche wirft Gott vor, sein Mitleiden kenne keine Scham, Gott krieche in die schmutzigsten Winkel des Menschen, sei über-zudringlich), so erst recht in Psalm 88, in dem vermutlich ein Aussätziger Gott für seine Not verantwortlich macht: „DU hast mich in die Grube gelegt . . .“. Wenn die Schüler nach ihren Gefühlen und Bewertungen gefragt werden und sie bereit sind, sich zu äußern, wird eine lebendige Auseinandersetzung beginnen.

Die **Phase 3** (Schluß) verlangt eine Bibelarbeit, bei der der Lehrer das Gespräch führen muß. Die Ziele sind im Stundenblatt detailliert verzeichnet und sollten als Ergebnis für die Hefte diktiert werden.
Der interessierte Kollege sei noch auf eine Äußerung M. Luthers zum Bildermachen hingewiesen (s. rechte Spalte). Luther führt aus: Gott selber sei von dem Propheten Daniel gemalt worden als ein schöner alter Mann mit schneeweißen Haaren und Bart. Zwar habe Gott weder Haare noch Bart, und doch male Daniel den wahren Gott im Bilde eines alten Mannes wegen der Kinder und auch wegen uns, auch wenn wir gelehrt sind. Denn er selbst hat sich uns in menschlicher Gestalt gegeben, der doch unbegreiflich ist.

Der Originaltext ist hier für den Lehrer zitiert, der Lust hat, seinen Schüler en passant zu zeigen, wie eine Lutherpredigt sich angehört haben mag.

Es ist sinnvoll, die **Hausaufgabe** als freiwillige Aufgabe zu stellen. (Psalm 23 soll in eine zeitgemäße Sprachform gebracht werden.) Gelungene Umsetzungen können vorgelesen oder auch im Klassenzimmer ausgehängt werden. Hemmungen bei Schülern der Klasse 10, sich in dieser Weise zu demonstrieren, kann dadurch begegnet werden, daß man zwei oder mehrere Schüler ermuntert, gemeinsam eine Umsetzung des Psalms 23 zu versuchen.

> Martin Luther in der Predigt am Sonnabend vor Ostern, 20. April 1538: „Deus non ist menschlich bild, ut Daniel malet: Ein schon, alt man, hat schne weis har, bard, rotae etc. etc. strale giengen etc. non habet nec barbam, har etc. et tamen sic pingit deum verum in imagine viri antiqui. Sic mus man unserm herr Gott ein bild malen propter pueros et nos, si etiam docti. Ipse met se dedit in humanitatem, qui unbegreiflich gewest.“
> WA Bd. 46, S. 308

6. Stunde: Gottesnamen in der Bibel

A. Methodisch-didaktische Vorbemerkungen

Ist in der letzten Stunde schon der Schritt von eigenen Gottesbildern und Gotteserfahrungen hin zu biblischen Bildern und Erfahrungen getan worden, so wird dieser Weg jetzt konsequent fortgesetzt. Neben der Unverfügbarkeit Gottes, die sowohl in der „Meditation“ von Kurt Marti als auch in der zentralen Bibelstelle 2. Mose 3 ausgedrückt wird, geht es um die alttestamentlichen Gottesnamen.
Eine grundsätzliche Erkenntnis, die dem Schüler gegenüber auch herausgestellt werden sollte, bezieht sich auf den hohen

Abstraktionsgrad der alttestamentlichen Gottesnamen, wobei vor allem an die Namen Jahwe und Elohim gedacht ist. Bevor die Namen nur noch als Namen wahrgenommen wurden, betete der Mensch des Alten Testaments zum Sein, zu den Kräften, den Mächten, und war durchaus imstande, diese Weite auszuhalten.
Wie eine Kraft nicht an sich wirkt, sondern in ihren Wirkungen wahrgenommen wird, so wird auch Gott nicht an sich, sondern in seinen Bildern, Masken, Spuren in unserer Welt wahrgenommen. Das Nachdenken über den Anfang führt uns zu den physikalischen Urdaten Materie, Energie, Information, die eventuell noch durch Größen wie Raum und Zeit ergänzt werden können. Das theologische Denken geht darüberhinaus und stellt die Gottesfrage. Damit ist aber die Gottesidee gemeint. Die Antworten, die dann gegeben werden können, sind alle nur als Gottesbilder, als Deutungen, Ausschmückungen, als Konstrukte zu verstehen. Es ist wichtig, daß sich der Lehrer vor dieser Stunde klarmacht, daß auch der Begriff Person für Gott nur ein Symbol ist. Vielleicht sollte man auch einmal zu denken versuchen, daß in Gott Raum, Zeit, Subjekt-Objekt-Spaltung aufgehoben sind. Der Weg des Nachdenkens muß damit nicht im Schweigen enden. Er kann und soll sich wandeln zu demütiger Verehrung. Paul Tillich hat in seinem Werk „Mut zum Sein“, Stuttgart 1958, ab S. 134, über diesen „Gott über Gott“ geschrieben.

B. Ziele der Stunde

Die Schüler sollen in dieser Stunde lernen,
- sachgemäß die zentrale Bibelstelle 2. Mose 3 auszulegen;
- welche die alttestamentlichen Gottesnamen sind und welche Bedeutung sie haben;
- welch hoher Abstraktionsgrad sich in diesen Namen ausdrückt;
- daß Gott sich jedem menschlichen, auch dem theologischen, Nachdenken entzieht und
- letztlich nicht gedacht, sondern demütig verehrt werden will.

C. Stundenverlauf

Nach einem möglichen Vorgespräch über unser vertrautes Anreden Gottes mit Du sollen in **Phase 1** mit dem Gedicht „Meditation“ von Kurt Marti (Mat. 6) die Grenzen menschlichen Nachdenkens über Gott thematisiert werden. Hier kann etwa der Begriff Person (abgeleitet vom lat. personare = hindurchklingen; u. U. aus der Sprache der antiken Schauspieler stammend, die durch eine Maske sprachen. Durch jede menschliche Person kann Gott hindurchsprechen, hindurchklingen; aber wer sollte durch Gott hindurchsprechen?) angesprochen werden, die Begriffe Akt oder Schwingung für Gott und ihr Gefühl- oder Erfahrungswert für Schüler. Wichtig ist die Betonung Jesu von Nazareth, der für Kurt Marti Halt und Gewißheit bedeutet, wenn das Nachdenken sich ins Uferlose verirrt.
Kurt Marti (geb. 1921 in Bern) hat Jura und Theologie studiert. Er lebt als Pfarrer in Bern und hat sich vor allem als Lyriker einen Namen gemacht.

Phase 2 fordert eine präzise Arbeit an der aufgeschlagenen Bibel, an deren Ende eine Ergebnisfixierung steht. Der Kollege ist gut beraten, wenn er diese Phase zügig zu ihrem Ziel führt.
Ein Elmsfeuer ist eine elektrische Entladung, die als blaues Flämmchen sichtbar wird. Seeleute haben Elmsfeuer häufig vor Gewittern auf den Spitzen der Masten gesehen und als Unheilsvorzeichen gedeutet.

Phase 3, das Lehrerreferat über die Gottesnamen, kann durch Notizen an der Tafel unterstützt werden. Wichtig ist, daß der Lehrer sich vorher klargemacht hat, welche Fakten er seinen Schülern mitteilen möchte.
Denkbar ist auch, wenn das Klassengespräch in Bahnen verläuft, wie sie unter „A. Methodisch-didaktische Vorbemerkungen“ skizziert sind, daß folgendes zusätzlich als Ergebnisse fixiert werden kann:
- Das menschliche Nachdenken kann niemals Gott erfassen.
- Selbst ein Begriff wie „Person“ beschreibt Gott nicht zureichend.
- Das menschliche Nachdenken endet im Schweigen. Die dem Menschen angemessene Haltung ist die demütige Verehrung Gottes.

7. Stunde: Erfahrungen mit Gott

A. Methodisch-didaktische Vorbemerkungen

Im Mittelpunkt dieser Stunde stehen Gotteserfahrungen, die ihren Niederschlag in der Bibel gefunden haben. Damit sind diese Aussagen in besonderer Weise herausgehoben und gewürdigt. Bei aller möglichen Kritik von Schülerseite sollte nicht vergessen werden, daß diese Gotteserfahrungen unzählige Menschen im Leben und im Sterben begleitet haben. Diese Aussagen haben gleichsam eine jahrtausendelange Bewährung hinter sich.
Um einen einigermaßen zureichenden Horizont abzuschreiten, wird in zwei Schritten vorgegangen: Zunächst werden die Schüler an ein Arbeitsblatt mit Zitaten (Mat. 7) herangeführt. Dann geht es um drei kurze Bibeltexte. Das Klassengespräch kann sich an vielen Punkten entzünden. In jedem Fall aber muß am Ende jedem deutlich sein, daß die Aussagen der Bibel zu Gott weit über das zum Klischee verkommene Vaterbild hinausgehen.
Die beiden Texte von Herman van Veen (Mat. 8 und Mat. 9) beschäftigen sich in schülergemäßer Weise mit dem Thema der Stunde: In der ersten Geschichte von Gott wird danach gefragt, ob die traditionelle Kirche noch ein Ort der Gotteserfahrung ist, in der zweiten wird das traditionelle Gottesbild, das allzu häufig zu dem Bild vom Weihnachtsmann-Gott verkommen ist, in überraschender Weise in Frage gestellt.

B. Ziele der Stunde

In dieser Stunde sollen die Schüler
- sich mit der kritischen Frage beschäftigen, ob die traditionellen Kirchen noch Orte der Gotteserfahrung sind;
- einen Blick dafür bekommen, wie breit gestreut das Spektrum der Gotteserfahrung in den Zeugnissen der Bibel ist;
- zum Schluß der Frage begegnen, ob Gott heute auch ganz anders gedacht werden könnte.

C. Stundenverlauf

Die **Phase 1** beginnt damit, daß der Lehrer die „Geschichte von Gott I“ von Herman van Veen (Mat. 8) vorliest. Es sollte langsam, nachdenklich und mit deutlicher Unterscheidung der Dialoge gelesen werden. Erst wenn das Gehörte als Grundlage des Gesprächs nicht mehr ausreicht, wird der Text im Materialienheft aufgeschlagen. In diesem Gespräch wird auch der Lehrer interessante Einblicke gewinnen können, inwieweit die Religiosität seiner

Schüler in kirchlichen Angeboten wurzelt und wie stark in einem mehr oder weniger kirchenunabhängigen Naturgefühl, einem Gefühl der Geschöpflichkeit, des Beschenktseins und der Abhängigkeit. Herman van Veen (geb. 1945 in Utrecht) ist von Haus aus Musiker. Er hat sich vor allem einen Namen als Entertainer gemacht, wobei seine clownesken Lieder, Geschichten und Pantomimen immer nachdenklich machen wollen.

Phase 2 beginnt mit dem Austeilen des Blattes „Damit wir wissen, wovon wir reden" (Mat. 7). Die Schüler sollen sich still mit dem Blatt beschäftigen, die einzelnen Bibelaussagen zu Gott durchgehen und mit Plus, Minus oder einem Kreis die Zitate bezeichnen, die ihnen gut gefallen, gar nicht gefallen und von denen sie nicht gewußt haben, daß sie in der Bibel stehen. Auf diese Weise ist dann auch der Einstieg in ein Gespräch leicht gegeben: Was gefällt Ihnen an diesem Zitat gut? Warum können Sie jene Aussage nicht akzeptieren?
Die dritte Aufgabe soll die Schüler damit überraschen, wie breit gestreut, distanziert und keineswegs nur harmonisierend die Bibelaussagen zu Gott sind.
Hier ist eine Ergebnisfixierung sinnvoll.

Phase 3 (Schluß) provoziert in zunächst spielerischer Weise: Natürlich kann sich entsprechend unserer Prägungen kaum ein Schüler Gott als altes Mütterchen vorstellen (Mat. 9). Aber mit welchem Recht tragen wir dann das stereotype Gottesbild des alten Mannes weiter? Wie weit oder eng sind die Grenzen unserer Bereitschaft gezogen, uns dem überraschenden Gott auszusetzen?

8. Stunde: Der heilige Gott I: Die Frage nach seiner Gerechtigkeit

A. Methodisch-didaktische Vorbemerkungen

Mit dieser Stunde beginnt die Reflektion der Theodizee, die Beschäftigung mit der Frage nach der Gerechtigkeit Gottes. Die Bedeutung dieser Frage für Schüler kann kaum überschätzt werden: Nichts erschwert oder verstellt den Schülern den Zugang zum Gottesglauben in dem Maß, wie es die Theodizeeproblematik tut. Jede Katastrophe, jedes Unglück, jedes unerklärliche Leid scheint ein neuerlicher Beweis für die Abwesenheit Gottes oder gar für seine Nicht-Existenz zu sein.
Der Lehrer tut gut daran, in dem Protest seiner Schüler die Kraft leidenschaftlichen Mitfühlens und Mitleidens zu erkennen, eine Kraft, die es nicht nur zu stärken gilt, sondern der er sich gerade als Religionslehrer nicht weniger leidenschaftlich verpflichtet wissen sollte. An dieser Stelle sollte ein gemeinsames, ein geschwisterliches Fragen und Klagen seinen berechtigten Ort haben. Erst dann werden Schüler ihrem Lehrer auch Hinweise abnehmen können wie diesen, daß eine atheistische Position nicht nur nicht weiterhilft, sondern auch den alleingelassenen Menschen seiner Orientierung beraubt, ihn überfordert und der Verzweiflung ausliefert.
Bei dieser Bewertung muß der Einsatz bei den Schülern geschehen, müssen ihre Lasten und Vorwürfe an die Adresse Gottes artikuliert werden dürfen, muß der Lehrer sich viel Zeit für ein sich entwickelndes Gespräch nehmen, und wird der Lehrer zum Schluß alle Erklärungen und Deutungen des Leids als letztlich unzureichend bezeichnen müssen. Auch glaubende Menschen stehen vor der Aufgabe, den

Gott der Liebe gegen allen Augenschein festzuhalten und die Hoffnung nicht preiszugeben, daß eines Tages „das Band um unsere Stirn“ gelöst wird und wir einsehen können, daß alles gut war.

B. Ziele der Stunde

In dieser Stunde werden die Schüler
- die Theodizeefrage kennenlernen und
- die Antworten, die Menschen auf die Frage nach der Gerechtigkeit Gottes im Lauf der Geschichte gegeben haben;
- sie werden alle Antworten als unzureichend erkennen müssen
- und das Angewiesensein des Menschen auf Glaube und Hoffnung.
- Sie werden exemplarischen Leidsituationen begegnen und
- einem neuen Versuch, das Leid theologisch zu bewältigen.
- Sie werden die Grundstrukturen des Buches Hiob gelehrt werden
- und erleben müssen, daß schon ihre Klassenkameraden die Antworten dieses Bibelbuches auf die Frage nach dem Sinn des Leids als nicht oder wenig hilfreich ablehnen.

C. Stundenverlauf

Die **Phase 1** besteht zuerst aus einem Klassengespräch oder einer Schreibmeditation, in der es um das geht, was Gott tun sollte. Die Prognose ist leicht zu wagen, daß die weit überwiegende Mehrheit der Gruppe Wünsche und Forderungen an Gott hat hinsichtlich der großen Probleme unserer Zeit wie auch im privaten Bereich. Es wird um die Umweltzerstörung gehen, um den Weltfrieden, um Tierversuche, Folter, Katastrophen, Unfälle, Krankheiten u. ä. m.
Diese Thematik wird objektiviert und vertieft durch das Bild von „Omayra“ (Mat. 10). In der Nacht vom 13. auf den 14. November 1985 war der Vulkan Nevado del Ruiz in Kolumbien ausgebrochen. Das mit Vulkanasche vermischte Schmelzwasser des Gletschereises führt zu einer Schlammlawine, die in der Kleinstadt Amero 23 000 Menschen verschüttet. Omayra war ein 12jähriges Mädchen, dessen Beine unter Schlamm und Wasser eingeklemmt waren, so daß sie sich nicht befreien konnte. Das Wasser stand ihr im wortwörtlichen Sinn bis zum Kinn. Da schweres Räumgerät nicht herantransportiert werden konnte, starb Omayra nach 60 Stunden. Alle Rettungsversuche waren vergeblich geblieben.
Junge Menschen identifizieren sich noch schneller als ältere mit einem solchen Schicksal. Die Schüler werden erschüttert sein. Die Überleitung zur nächsten Phase kann mit dem Hinweis geschehen, daß schon in biblischen Zeiten Menschen nach der Gerechtigkeit Gottes gefragt haben.

Die **Phase 2** besitzt an dieser Stelle auch eine entlastende Funktion. Die Schüler werden von ihren Gefühlen abgelenkt. Wenn sich im Vorgespräch zeigen sollte, daß die Klasse den Inhalt des Hiobbuches nicht kennt, wird der Lehrer nach der Einführung in die Struktur des Hiobbuches wenigstens die Hioberzählung und einen Teil der Gottesrede aus den Hiobdialogen lesen lassen.
Die ältere Hioberzählung besteht aus Hiob 1, 2 und 42/7–17 und bildet in unserer Bibel die Rahmenerzählung. Unbegreifliches Leid ist als Prüfung des Gerechten durch Gott gedeutet.
Die jüngeren Hiobdialoge stehen in Hiob 3/1 bis 42/6 und bilden jetzt den mittleren Teil des biblischen Hiobbuches. Hier wird dem Menschen die Frage nach dem Sinn des Leids als Anfrage an Gott verweigert. In den großen Gottesreden Hiob 38 bis 41

wird die unüberwindbare Distanz zwischen dem Handeln Gottes und dem Denken des Menschen demonstriert. Entsprechend reagiert Hiob: „Ich (habe) geredet im Unverstand“ (Hiob 42/3).
Die Auflistung der menschlichen Antworten auf die Frage nach dem Leid wird eine gemeinsame Arbeit aus Schülergedanken und ergänzendem Lehrerreferat sein. Diese klassischen Antworten sollten zusammen mit einem relativierenden Satz auch im Heft stehen.

Der Text „Ist Gott gerecht?“ (Mat. 11) kann entweder den **Schluß** der Stunde bilden oder als **Hausaufgabe** aufgegeben werden. Rabbi Kushner geht einen ganz neuen und ungewohnten Weg: Gott ist für ihn nicht mehr der allmächtige, sondern der geschwisterlich mitleidende Gott. Es wird Schüler geben, die diesen Gedanken mitgehen können. Für die meisten wird er zu fremd sein.

9. Stunde: Der heilige Gott II: Seine Verborgenheit aushalten

A. Methodisch-didaktische Vorbemerkungen

Das Nachdenken über die Theodizeefrage wird in dieser Stunde weitergeführt zu der klassischen Unterscheidung von deus absconditus und deus revelatus. Eine erste Entscheidung muß der Lehrer dahingehend fällen, ob er diese Begriffe verwenden möchte oder es vorzieht, vom verborgenen und offenbaren Gott zu sprechen. Für die Schüler ist es wichtig, in dieser Stunde ein Gebiet theologischen Nachdenkens kennenzulernen, das zu den schwierigsten, aber auch menschlichsten gehört. Letztlich steht an dieser Stelle die Theologie mit sich selber im Streit: Sie will den väterlichen Gott glauben und verkündigen, sieht sich aber von gewissen Prämissen aus gezwungen, eine dunkle Seite in Gott anzuerkennen.
Die Lerngruppe wird das ehrliche Bemühen anerkennen, das in diesen Gedankengängen spürbar wird. Wichtiger aber wird für den einzelnen Schüler sein, in der Auseinandersetzung mit dem Arbeitsblatt „Gott – das Geheimnis“ (Mat. 13) seiner eigenen Einschätzung zu begegnen. Der letzte Arbeitsschritt soll Lehrer und Schüler vor einer allzu raschen Selbstentschuldigung und Beschuldigung Gottes bewahren. Es ist dem redlichen Nachdenken unmöglich, alle Last dieser Welt der dunklen Seite Gottes, dem deus absconditus, zuzuschieben und selbst erhobenen Hauptes davonzuschreiten. Der deus absconditus ist ein letzter, gewagter Schritt der Theologie, der nur an ganz bestimmten Stellen seinen berechtigten Ort hat.

B. Ziele der Stunde

In dieser Stunde werden die Schüler
- schon zu Beginn vor zwei recht unterschiedliche Möglichkeiten gestellt, auf Leid zu reagieren. In beiden Fällen reagieren fromme Menschen. Die Schüler werden mehr oder minder deutlich Stellung beziehen müssen;
- einer Liste von Begriffen begegnen, mit denen Gott näher bestimmt wird, und sie sollen sich damit auseinandersetzen;
- über den deus revelatus und deus absconditus unterrichtet werden;
- gewarnt, das Reden vom verborgenen Gott zu mißbrauchen, um sich oder die Menschheit allgemein vorschnell zu entschuldigen.

C. Stundenverlauf

Um den in **Phase 1** vorgeschlagenen Vergleich durchführen zu können, muß der Inhalt des Textes „Ist Gott gerecht?“ (Mat. 11), die Position des Rabbi Kushner, vergegenwärtigt werden. Wenn dies geschehen ist, kann ein Schüler den Text von Max Eyth „Die Katastrophe“ (Mat. 12) vorlesen. Der Vergleich stellt dann die Haltungen von Kushner und Eyth einander gegenüber, wie sie auf dem Stundenblatt verzeichnet sind. Die Schüler werden sich ausgesprochen oder unausgesprochen für eine Lösung entscheiden müssen.
Max Eyth (1836–1907) war Ingenieur. Der Erzählung „Berufstragik“, die er in dem berühmten Sammelband „Hinter Pflug und Schraubstock“ 1899 veröffentlicht hat, liegen historische Ereignisse zugrunde. Der hier vorliegende Abschnitt „Die Katastrophe“ (Mat. 12) ist dieser Erzählung entnommen. Herr Stoß, der Erbauer der Brücke, hatte aus Wirtschaftlichkeitserwägungen heraus die Sicherheitsstatik bis an die gerade noch vertretbare Grenze minimiert. Von schlechtem Gewissen geplagt zog es ihn zur Brücke. Er kommt beim Einsturz der Brücke ebenso ums Leben wie der Sohn des Brükkenwärters Knox. (Dieselbe Katastrophe hat auch Theodor Fontane in seiner Ballade „Die Brücke am Tay“ bearbeitet.)

Das Arbeitsblatt „Gott – das Geheimnis“ (Mat. 13), und somit die **Phase 2**, sollte der Lehrer mit einigen Bemerkungen zu Rudolf Otto und seinem Werk „Das Heilige“ einleiten. Rudolf Otto (1869–1937) war Professor für systematische Theologie in Breslau und Marburg. Sein Werk „Das Heilige“, erschienen 1917, denkt über die Idee des Göttlichen nach und gilt bis heute als klassisch. Alle Begriffe des Arbeitsblattes sind diesem Werk entnommen.
Am Ende der Stillarbeit muß naturgemäß das Klassengespräch stehen.

Die **Phase 3** wird sich zunächst als Lehrerreferat vollziehen. Zu beachten ist der Ort, an dem Martin Luther über den deus absconditus nachdenkt: Ihm ist Gott dort dunkel und unbegreiflich, wo er Menschen nicht zum Glauben kommen läßt. Dies ist in Luthers Denken eine unfaßbare aber notwendige Vorstellung. Es geht ihm also vorrangig nicht darum, das Leid allgemein zu erklären. Eine Ahnung von der dunklen Seite Gottes kann jenes Bekenntnis des Jeremia vermitteln, der in Jer. 20/7–9 Gott vorwirft, ihn verführt und überwältigt zu haben. Noch deutlicher ist der unbegreifliche Gott in Jesu Schrei am Kreuz zu spüren: „Mein Gott, mein Gott, warum hast du mich verlassen?“
Die vorgeschlagenen Ergebnisse wird der Kollege entsprechend seiner Gruppe modifizieren müssen. Nicht jede Lerngruppe wird zureichend Geduld mitbringen.

Der **Schluß** bzw. die **Hausaufgabe** (Mat. 14) ist auf ein emotionales Lernziel aus, das aber durchaus auch formuliert werden kann: Die dunkle Seite Gottes, der deus absconditus, entbindet uns nicht von unsrer Verantwortung, entschuldigt uns Menschen nicht. Wir haben uns entsprechend unsrer Freiheit für das Gute zu entscheiden und das Gute zu tun.
Carl Amery (geb. 1922 in München) ist engagierter Katholik und Autor zeitkritischer Hörspiele und Romane.

10. Stunde: Gott in der Schöpfung I: Spurensuche

A. Methodisch-didaktische Vorbemerkungen

Mit dieser Stunde beginnt die schöne Beschäftigung, den vielfältigen Spuren Gottes in dieser Welt nachzuspüren, in der Natur, der Kunst, den Wissenschaften, der Geschichte usw. Schüler folgen diesen Gedanken gerne, haben allerdings bei der Suche nach Spuren Gottes in der Kunst oder in der Geschichte deutlich Schwierigkeiten, während ihnen in der Natur oder der Liebe/Mitmenschlichkeit die Spuren Gottes viel eher sichtbar sind. Entsprechend wird man im Klassenzimmer das eine betonen und das andere kurz abhandeln. Dabei möge der Kollege aufmerksam hören, was ihm seine Schüler signalisieren: In einer Klasse mit vielen Musikern kann zum Beispiel der Zugang zu Gott über die Kunst sehr wohl verstanden werden.

Allerdings wird Gott in der Natur wie in allen anderen oben genannten Bereichen nicht eindeutig. Die Natur oder die Geschichte haben ganz gewiß nicht nur freundliche Züge. Nach christlicher Überzeugung zeigt uns Gott in Jesus sein wahres Gesicht. Dort wird Gott eindeutig, offenbart er sich als der Gott der Liebe, dessen Bild das des guten Vaters ist. Der Lehrer wird sich davor hüten, einer naturhaften Religiosität das Wort zu reden. Bei aller Freude an der Schöpfung, am „Spieltrieb Gottes“, an den Ordnungen, Räumen und Zeiten im All darf nicht vergessen werden, daß dies alles von Kälte und Tod, von Namenlosigkeit und Verzweiflung bedroht ist. Dennoch: Wenn die Schöpfung auch Gott nicht beweist, so sind in ihr doch Spuren und Hinweise auf Gott zu entdecken, die wir unseren Schülern mitteilen wollen.

B. Ziele der Stunde

Am Ende dieser Stunde sollen die Schüler erfahren haben,

- daß die Kunst und die Natur Hinweise auf Gott enthalten;
- daß in diesen Spuren Gott nicht eindeutig erkannt wird;
- wie sensible Menschen die Natur („Brief an Gott ‚wegen der Berge‘“; Mat. 16) erleben;
- daß auch die Bibel die Schöpfung als Hinweis auf Gott kennt;
- daß wir es mit Hinweisen, aber nicht mit Beweisen zu tun haben;
- daß die Natur uns einlädt, über sie Gott näher zu kommen.

C. Stundenverlauf

Die **Phase 1** beginnt mit dem Comic-Strip „Die Peanuts“ von Ch. M. Schulz (Mat. 15) und führt zu einem Gespräch über Kunst. Die Karikatur liest jeder Schüler still für sich. Dann stellt der Lehrer seine Fragen. Ausgehend von den verschiedenen Einstellungen bei Linus und Luzie geht es um das, was Kunst will. Natürlich soll hier keine Diskussion der verschiedenen Kunsttheorien stattfinden. Es genügt, wenn die Schüler ausdrücken, daß Kunst über sich selbst hinausweisen will auf größere Zusammenhänge, daß sie deuten will, appellieren, provozieren, sicherlich manchmal auch nur gefallen. Das, was beide, Linus und Luzie, mit ihrem Bild erreichen wollen, ist das Gefühl für eine umfassendere Wesenheit.

In **Phase 2** (Mat. 16) wird die Natur, in diesem Fall die Berge, direkt auf Gott bezogen. Gott hat sie geschaffen, Gott hatte

Die Hörer waren hingerissen, verzaubert, in Gedanken versunken. Jeder hatte die Möglichkeit erhalten, ganz für sich allein mit dem in Gleichklang zu kommen, was im Lauf der Jahrhunderte aus tragischen Verirrungen und Erleuchtungen des Verstandes erwachsen war, der sich ewig außerhalb seiner selbst zu finden und zugleich mit allen gemeinsam, im Kollektiv, das WORT in sich aufzunehmen sucht, das die Kraft des Gesanges durch die Anteilnahme der Vielzahl von Seelen verzehnfacht. Gleichzeitig versetzte die Phantasie einen jeden in eine vage, aber schmerzhaft herbeigesehnte Welt aus eigenen Erinnerungen, Träumen, Sehnsüchten und Gewissensbissen, aus Verlusten und Freuden, die dem Menschen auf seinem Lebensweg begegnen. Ich begriff nicht und wollte ehrlich gesagt auch nicht begreifen, was mit mir in dieser Stunde geschah, was meine Gedanken und Gefühle so unwiderstehlich an die zehn Sänger fesselte, die dem Aussehen nach so waren wie ich; doch die Hymnen, die sie sangen, schienen aus mir selbst zu strömen, aus meinen eigenen Bestrebungen, aus all den angestauten Schmerzen, Erschütterungen und Verzücktheiten, die ich bisher in mir verschlossen gehalten hatte; und während ich mich davon befreite und zugleich neues Licht und neue Einsicht mich erfüllten, begriff ich dank der Kunst der Sänger das wahre Wesen des geistlichen Chorgesangs – diesen Schrei des Lebens, diesen Schrei eines Menschen mit hocherhobenen Händen, der von der ewigen Sehnsucht spricht, sich zu bestätigen, sein Los zu erleichtern, einen Halt in den unermeßlichen Weiten des Alls zu finden, in der tragischen Zuversicht, daß außer IHM noch andere himmlische Kräfte walten, die ihm dabei helfen werden. Ein grandioser Irrtum! Wie groß ist doch das Streben des Menschen, hoch droben erhört zu werden! Und wieviel Energie, wieviel Gedanken hat er auf Gelöbnisse, Reuebekenntnisse und Lobpreisungen verwandt, mit deren Hilfe er sich zu Demut und Gehorsam zwingt, zu Ergebenheit, auch wenn sein Blut aufbegehrt, seine Natur ewig nach Aufruhr, Neuerung und Verwerfung dürstet. Ach, wie schwer fiel ihm das, wie quälte es ihn! Rigweda, Psalmen, Zaubersprüche, Hymnen, Schamanenbeschwörungen – was wurde im Laufe der Jahrhunderte nicht alles an endlosen flehentlichen Bitten und Gebeten ausgesprochen! Wären sie materiell spürbar, dann hätten sie die ganze Erde überflutet wie ein über die Ufer getretener bitter-salziger Ozean. Wie schwer wurde im Menschen das Menschliche geboren!
Sie aber sangen, die zehn, von Gott miteinander verbunden, damit wir uns in uns selbst, in die wirbelnden Strudel des Unterbewußtseins versenkten, damit wir in uns das Vergangene, den Geist und die Leiden früherer Generationen wiedererweckten, um uns danach emporzuschwingen, uns über uns selbst und über die Welt zu erheben und die Schönheit und den Sinn der eigenen Vorherbestimmung zu entdecken, damit wir uns, einmal ins Leben getreten, in seine wunderbare Beschaffenheit verliebten. Die zehn sangen so selbstvergessen, so gottgefällig, daß sie, vielleicht ohne es zu wissen, in den Herzen so erhabene Anwandlungen weckten, wie sie den Menschen im Alltag mit seinen nichtigen Sorgen und seiner Hektik nur selten überkommen. Daher waren die Anwesenden unwillkürlich hochgestimmt und ihre Mienen bewegt, und bei einigen glitzerten Tränen in den Augen.

aus: Tschingis Aitmatow „Die Richtstatt“, Unionsverlag, Zürich

bestimmte Absichten mit ihnen. Der Autor spürt diesen Absichten nach. Er ist Gott für die Berge dankbar. Sie sollen immer bestehen bleiben. Der Brief an Gott „wegen der Berge“ ist letztlich ein Gebet. Eine präzise Textarbeit mit Tafelanschrieb macht es den Schülern möglich, sich mit den Gedanken von H. J. Schultz auseinanderzusetzen und die eigene Sensibilität zu üben.
Hans Jürgen Schultz (geb. 1928) ist Chefredakteur beim Süddeutschen Rundfunk und Publizist.
Das Zitat aus China verführt durch seine Poesie. Dies Wort besitzt selbstverständlich einen Wahrheitsgehalt: die Blüte des Mandelbaums erzählt von Gott. Dem Nachdenken aber kann nicht verborgen bleiben, daß dies nur ein Teil der ganzen Wahrheit ist. Die Blüte kann auch durch Frost oder Schädlinge zerstört werden, in jedem Fall wird sie verwelken, abfallen und sich auflösen. Es ist notwendig, die Schüler darauf hinzuweisen.

Für die Bibelarbeit in **Phase 3** sei die Züricher Übersetzung empfohlen, die deutlicher als die Übersetzung Luthers die Natur als Feld der Gotteserkenntnis herausstellt.
Eine Schriftstelle mit ganz ähnlichem Inhalt findet sich in der apokryphen Schrift Weisheit Salomos 13/1–9. Falls sie eingesetzt werden soll, ist die Übertragung in eine verständlichere Sprache angebracht als die Lutherbibel sie anbietet.

Mit **Phase 4** (Schluß) kann abschließend noch ein kleines, aber deshalb nicht unwichtiges meditatives Element eingebaut werden, das dazu einlädt, sich über die Natur Gott zu nähern.
Der Text (Mat. 17) verlangt eher ein bereites Zuhören als eine exakte Bearbeitung. Es kann genügen, wenn der Lehrer nach dem Vorlesen zwei oder drei interpretierende Sätze sagt.

Die Verfasserin, Mutter Teresa (geb. 1910), ist jene aus Jugoslawien stammende Ordensschwester, die sich in Kalkutta um die Ärmsten der Armen kümmert. Sie ist seit 1979 Trägerin des Friedensnobelpreises.
Weil der eine oder andere Kollege mit seinen Schülern weitere Wege wird gehen können als in den Stundenblättern vorgeschlagen ist, sei hier auf einen Text von Tschingis Aitmatow hingewiesen (s. S. 48), in dem er beschreibt, wie beim Hören eines Chorkonzerts sich Tore zur Transzendenz öffnen.
Tschingis Aitmatow (geb. 1928) ist Kirgise und heute einer der führenden Schriftsteller der Sowjetunion. Seine Werke haben auch in der Bundesrepublik weite Verbreitung gefunden.

11. Stunde: Gott in der Schöpfung II: Naturwissenschaftler antworten

A. Methodisch-didaktische Vorbemerkungen

Die 11. Stunde nimmt die Grundthematik der 10. Stunde auf und führt sie fort: Kann die Natur Hinweise auf Gott liefern? Eine Verschärfung der Fragestellung erfolgt insofern, als Naturwissenschaftler ins Gespräch gezogen werden. Schülern gelten Naturwissenschaftler häufig als Garanten nüchternen Denkens und darum auch als Atheisten. Sie sehen dabei nicht, daß die Ausklammerung der Gottesidee aus ihrem Forschen methodisch bedingt ist. Solange sie als Naturwissenschaftler sprechen, ist es ihnen verwehrt, nicht experimentell überprüfbare Ergebnisse zu behaupten. Dessen ungeachtet kann man bei genauerem Hinsehen sehr wohl feststellen, daß für viele von ihnen die Beschäftigung mit der Natur zur Verehrung des Schöpfers der Natur geführt hat. Auch der Begriff Zufall wird nicht selten von Schülern als ausreichender Ersatz für die Gottesidee gesehen: „Nicht einem Schöpfer verdanken wir das Bestehende; alles ist durch Zufall entstanden." Im Vergleich zum All höchst einfache Systeme sind vom Menschen kaum als zufällig zu denken, warum behauptet er dann im Blick auf das All den Zufall? Eine Redensart spricht davon, daß der Zufall nichts anderes als das Pseudonym Gottes ist.

Die Absicht dieser Stunde liegt offen zutage: Auch Naturwissenschaftler finden in der Schöpfung Spuren Gottes. Um den Schülern zu zeigen, daß es begründbaren Atheismus gibt und daß der Lehrer sich vor der Auseinandersetzung damit nicht drückt, sollte auf die 16. Stunde hingewiesen werden, in der Atheismus thematisiert wird. In dieser Stunde dagegen wird gleichsam als Ersatz die Beschäftigung mit einem Text von Bertrand Russell „Warum ich kein Christ bin" (Mat. 20) als Hausaufgabe angeboten. Interessant dabei ist die Beobachtung, daß Russell aus der Erscheinung und der Geschichte der Religionen argumentiert, nicht aber von der Naturbeobachtung aus.

B. Ziele der Stunde

In dieser Stunde sollen die Schüler
- wieder das Staunen üben in der Begegnung mit dem Sternenhimmel, Menschen und ihrer Entstehung, dem Mikrokosmos;
- ein Gespräch über den Zufall führen und die Beschränktheit dieses Begriffs erkennen;
- erfahren, wie große Naturwissenschaftler sich über die Schöpfung und den Schöpfer geäußert haben;
- lernen, daß auch atheistische Positionen bei den Naturwissenschaftlern zu finden sind.

C. Stundenverlauf

Die **Phase 1** setzt mit einem Zitat (siehe Stundenblatt) ein, dessen Autor erst später genannt werden soll. Mit dem Namen des Autors, Albert Einstein, ist dann eine bestimmte Denkrichtung angegeben. Das Wörtlein „tot" meint hier soviel wie „ist nicht lebendig", „hat sein Menschsein verloren".

Albert Einstein (geb. 1879 in Ulm, gest. 1955 in Princeton, USA) war Physiker. Er entwickelte die allgemeine und die spezielle Relativitätstheorie. 1921 erhielt er für seine Arbeiten zur Quantentheorie den Nobelpreis für Physik.

Im zweiten Schritt dieser Phase üben die Schüler selbst das Staunen ein: Können sie überhaupt noch staunen über die Schönheit eines Sonnenuntergangs, einen menschlichen Embryo, den Mikrokosmos (Mat. 18)? Im allgemeinen gelingt es den Schülern leichter als ihrem Lehrer, zu staunen. Es wird aber beiden Seiten Freude machen, sich darüber auszutauschen, was Grund des Staunens ist.

Die **Phase 2** wird dann schwierig werden, wenn sich in der Klasse nicht wenigstens ein Opponent findet, der die These „Alles ist durch Zufall entstanden" vertritt. Dann besteht die Gefahr, daß das Gespräch blutleer bleibt. Eine Möglichkeit, dem Gespräch Würze zu geben, besteht darin, daß der Lehrer die absurd erscheinende Position vertritt: „Dieser Globus ist durch Zufall entstanden!" Die Denkfigur ist diese: Wenn uns schon unvorstellbar ist, daß dieser Globus durch Zufall entstanden ist, wie kann man dann sinn-

vollerweise behaupten, das ungleich kompliziertere System unserer Weltkugel sei ein Produkt des Zufalls?
Im Verlauf dieses Gesprächs werden auch die Arbeitsweisen der Natur- und Geisteswissenschaftler zur Sprache kommen. Eine Ergebnisfixierung sollte diese Phase abschließen.

Phase 3 demonstriert den Schülern, mit welchen Worten sich große Naturforscher zum Schöpfer bekannt haben (Mat. 19). Werner Trutwin (geb. 1929) ist Religionslehrer in Bonn und mit zahlreichen Veröffentlichungen zum Religionsunterricht hervorgetreten. In der **Hausaufgabe** wird diesen Bekenntnissen der Text eines Gottesleugners gegenübergestellt (Mat.20). Bertrand Russel (geb. 1872, gest. 1970) war Mathematikprofessor. Er engagierte sich zeitlebens für die Gedanken eines Weltfriedens, eines Lebens aus der Liebe und der Vernunft heraus. 1950 erhielt er für seine engagierte und brilliante Prosa den Nobelpreis für Literatur.
Nach der Besprechung der Hausaufgabe in der nächsten Stunde sollten die Ergebnisse in den Schülerheften festgehalten werden.

12. Stunde: Gott in der Geschichte des einzelnen und der Gemeinschaft

A. Methodisch-didaktische Vorbemerkungen

Schüler im Alter von 15 bis 17 Jahren haben große Schwierigkeiten, Gott in der Geschichte einer Gemeinschaft oder eines Volkes zu erkennen. In alttestamentlichen Zeiten war das Ergehen des Volkes viel eher Quelle der Gotteserfahrung und Gottesoffenbarung als etwa die Schöpfung oder das Ergehen des einzelnen. Deshalb ist hier versucht worden, von den Erfahrungen des einzelnen ausgehend einen Blick und vielleicht sogar Verständnis für die Spuren Gottes in der allgemeinen Geschichte zu gewinnen.
Solange der Unterricht sich mit den Erfahrungen einzelner Menschen beschäftigt, werden die Schüler sich identifizieren und leicht mitmachen können. Die Beschäftigung mit dem altisraelitischen Credo weist dann die Richtung auf das neue Feld, die Gemeinschaft. Bei der Betrachtung des Bildes „Menschen 1945“ (Mat. 24) werden sie wohl die Aktualisierung mitgehen können.

B. Ziele der Stunde

Am Ende dieser Stunde sollen die Schüler
- den Spuren Gottes ganz allgemein in den Biographien von Menschen nachgedacht haben;
- aus dem Text von S. Kilian „Frau Bertolds wechselhafte Beziehungen zum lieben Gott“ (Mat. 22) das wohl übliche Verhältnis eines Menschen zu Gott in Abhängigkeit von seinen Lebensphasen erhoben haben;
- an D. Bonhoeffer gelernt haben, daß der Glaube auch die Bejahung des individuellen Leids mit einschließt;
- das altisraelitische Glaubensbekenntnis kennengelernt haben und es interpretieren können;
- von dort aus einen Blick gewonnen haben für die Gotteserfahrung in der Geschichte eines Volkes und
- den Versuch gemacht haben, an einem Punkt der Geschichte des eigenen Volkes Gott zu erkennen.

C. Stundenverlauf

Die **Phase 1** setzt mit einem Gespräch ein, das von dem angegebenen Zitat ausgeht, das an die Tafel geschrieben, diktiert oder auch nur zitiert werden kann. Der kleine Text „Spuren" (Mat. 21) kann alternativ oder additiv eingesetzt werden. Am Ende stehen an der Tafel eine Reihe von individuellen Erfahrungen, die traditionell mit Gott verbunden werden. Dabei kann der einzelne diese Ereignisse als Warnung, Mahnung, Geschenk, Dank, Lehre usw. deuten.

Phase 2 nimmt dieses Arbeitsfeld mit einer Textarbeit auf. Wenn die Schüler diesen Text besitzen, kann sich der Religionslehrer mit Zwischenüberschriften und Unterstreichungen begnügen. Wenn Schüler gefragt werden, ob die Schilderung von S. Kilian die Normalität widergibt, pflegen sie das zu bejahen. Vermutlich erleben die meisten Schüler so die Erwachsenenwelt.

Die **Phase 3** ist auf dem Stundenblatt als **fakultativ** bezeichnet. Der Kollege sollte sich gut überlegen, ob er die Beschäftigung mit dem Gedicht D. Bonhoeffers (Mat. 23) will. Sinnvoll ist dies, wenn er den Eindruck haben sollte, seine Schüler mißverstehen Gott als gleichsam automatischen Helfer in allen bedrängenden Lebenslagen. Das Gedicht demonstriert, wie der Glaube auch das Schwere aus der Hand Gottes anzunehmen bereit ist. Allerdings kann diese Arbeit den Zeitrahmen der Stunde sprengen.

Für die **4. Phase**, die Arbeit am altisraelitischen Credo, muß ausreichend Zeit bleiben. Der Bibeltext muß gelesen, die dargestellte Situation erhoben und die Gotteserfahrungen, die formuliert sind, müssen erarbeitet werden. Durch den Lehrer müssen die Schüler darauf aufmerksam gemacht werden, daß mit dieser Phase ein qualitativer Sprung gemacht wird, weg vom Erleben des einzelnen hin zum Erleben Gottes in der Gruppe, der Gemeinschaft, dem Volk. Er muß seinen Schülern sagen, daß dies die übliche Gotteserfahrung in alttestamentlicher Zeit war.
Die Bildbetrachtung zum Schluß rundet die Stunde ab, indem sie einen nachvollziehbaren Schritt in die Geschichte unseres Jahrhunderts wagt. Auch wenn nicht alle Schüler diesem Gedanken folgen können, sollte um des Hinweischarakters willen der Versuch gemacht werden, der darin liegt: So oder so ähnlich müßte man nachdenken, wenn man Spuren Gottes in der Geschichte der Gemeinschaft suchen wollte.
Die beiden Themen der Phase 4 sollten im Heft festgehalten werden.

13. Stunde: Gott wird in Jesus eindeutig I

A. Methodisch-didaktische Vorbemerkungen

In dieser und in der folgenden Stunde sind drei große Aufgaben zu bewältigen:
1. Den Schülern muß gezeigt werden, daß alle vieldeutigen Offenbarungsorte wie z.B. Natur, Kunst oder Geschichte in Jesus eindeutig werden. Christen vertrauen auf das Gottesbild vom guten Vater, indem sie auf den Glauben Jesu und seine Bestätigung in der Auferstehung bauen.
2. Den Schülern muß deutlich gemacht werden, daß die Einheit zwischen Gott und Jesus in der Sache besteht, die Jesus vertritt, und die Sache Gottes ist. Wer Gott ist und wie Gott ist, kann in Jesu Handeln und Predigen erkannt werden. Aber Jesus ist nicht Gott gleichzusetzen.

3. Die Schüler sollen die Faszination spüren, die von Jesus ausging, sollen ahnen, daß die Wirkung, die von diesem Mann bis heute ausgeht, in der umstürzenden Wahrheit liegt, die er vertritt.
Die letzte Aufgabe wird mit dem Text von Yorick Spiegel „Jesus“ angegangen (Mat. 25).
Schüler interessieren sich im allgemeinen für Jesus. Sie wollen wissen, was sich historisch oder psychologisch hinter den dogmatischen Übermalungen verbirgt. Sie wollen erklärt sehen, was damals und heute Menschen an dem Rabbi von Nazareth gefunden haben und finden. Letztlich sind sie damit selbst auf der Suche nach weit mehr als nur historischen oder psychologischen Erklärungen. Eine ganz wichtige Voraussetzung dieser Stunde muß jeder Lehrer für sich selbst leisten: Er muß sich Rechenschaft darüber ablegen, wie er Jesus sieht, worin sein Glaube gründet, wie er Gottes Offenbarung in Jesus versteht. Das Stundenblatt kann nur eine Linie verfolgen, die aber keineswegs seiner Theologie und seinem Glauben entsprechen muß.

B. Ziele der Stunde

In dieser Stunde sollen die Schüler lernen,
- daß das Wesen Gottes in Jesus eindeutig wird;
- worin die Einheit Jesu mit Gott zu sehen ist;
- wie Joh. 10/30 und 1/14 auszulegen sind;
- wie wir alle unterwegs sind, den Berg der Verklärung zu besteigen;
- daß die Wahrheit, für die Jesus lebte und starb, uns noch heute unmittelbar angeht;
- daß die Auferstehung die Anerkennung Jesu und die Bestätigung seiner Wahrheit durch Gott bedeutet.

C. Stundenverlauf

Die **Phase 1** steuert sofort auf ein Ziel der Stunde los. Das Jesuswort aus Joh. 10/30 wird den Schülern z. B. an die Tafel geschrieben und in seiner Radikalität diskutiert. Die Diskussion will dem möglichen Mißverständnis wehren, Jesus sei körperlich Gott gewesen, habe als Gott nur einen Scheinleib besessen und im übrigen auf seine göttlichen Qualitäten nie verzichtet.
In Joh. 1/14 wird dementsprechend Jesus als das Wort Gottes bezeichnet, nicht mehr aber auch nicht weniger. Gleichzeitig wird in diesem Vers das „Wort“ inhaltlich gefüllt und bewertet. Man kann noch nach zweitausend Jahren die Freude und die Erschütterung empfinden, die von der Begegnung mit diesem „Wort“ ausging. Es ist zu hoffen, daß auch die Schüler das spüren.

In **Phase 2** erfolgt die Beschäftigung mit der Überlieferung von der Verklärung Jesu nach Markus. Jesus ist Mose und Elia an die Seite gestellt. Vermutlich ist die Überlieferung auch so gedacht, daß Jesus beider Anliegen aufnimmt. Für die beteiligten Jünger bedeutet diese Stunde auf dem Berg, daß sie Jesus erkennen als den von Gott Beauftragten. Für die übrigen Jünger, auch für Schüler und Lehrer, bleibt die Aufgabe, den Berg der Jesus- und Gotteserkenntnis zu besteigen. Im Tafelbild des Stundenblatts sind Stufen verschiedener Nähe zum „Wort Gottes“ notiert. Irgendwo auf einer dieser Stufen wird sich jeder befinden, vermutlich nicht nur aufsteigend, sondern auch absteigend. Wer je in Jesus das Wort Gottes erkannt hat, darf dabei nicht stehenbleiben. Er muß die erkannten Wahrheiten in dieser Welt leben, sie zu Taten werden lassen.
Dieser Umgang mit der Verklärungsge-

schichte wird den Schülern Schwierigkeiten machen. Sie werden nicht leicht den Zugang dazu finden. Haben sie ihn aber gefunden, dann hat sich die Mühe gelohnt. Sie werden manche Einsichten bei der Arbeit an der Verklärungsgeschichte gewinnen.
Zu Markus 9/3–10 sei auf die bekannten Kommentare verwiesen. Bei Klaus Berger „Wie ein Vogel ist dein Wort", Stuttgart 1987, findet sich ab S. 17 eine kurze Zusammenfassung.

Der **Schluß** bzw. die **Hausaufgabe** ist einfach strukturiert. Die Schüler sollen aus dem Text (Mat. 25) erheben, wie der Verfasser Jesus sieht. Der Text ist unter dem Gesichtspunkt ausgewählt, daß er auf Schüler überzeugend wirkt und Jesus als wahr erfahren wird: So ist es, so möchte ich leben, dafür möchte ich mich einsetzen. Der Lehrer könnte auch nach den biblischen Begründungen für die einzelnen Aussagen fragen.
Yorick Spiegel ist Professor für Praktische Theologie an der Universität Bochum.

14. Stunde: Gott wird in Jesus eindeutig II

A. Methodisch-didaktische Vorbemerkungen

Wie im Alten Testament die Gottesnamen als Selbstoffenbarungen Gottes im Gegensatz stehen zum geheimnisvollen Gott, so tritt im Neuen Testament Gott aus dem ihn umgebenden Dunkel heraus und offenbart sein Wesen in Jesus Christus. Die Menschen seiner Zeit erlebten in ihm Befreiung, Deutung und Auftrag in einer einzigartig verpflichtenden Weise.
Den Schülern wird zugemutet, die Nähe Jesu so zu reflektieren, daß die Grenze zur aufdringlichen Kumpelhaftigkeit deutlich wird. Jesu Nähe zum Menschen meint eine andere Dimension als das gemeinsame Motorradfahren oder Biertrinken. Im ersten Augenblick fasziniert der kleine Text die Schüler, denen es dann aber sehr rasch gelingt, ihr Unbehagen zu formulieren.
Im Hauptteil wird theologische Textarbeit verlangt, während der Schluß das zentrale Gleichnis vom verlorenen Sohn in Erinnerung ruft und aktualisiert. Wie der Einstieg, so ist auch der Schluß in der Textfassung von Manfred Fischer für die Schüler entlastend. Sie hören gerne zu, stellen verwundert inhaltliche Veränderungen fest und kommen dem Gottesbild des Gleichnisses hoffentlich ein wenig näher.

B. Ziele der Stunde

In dieser Stunde sollen die Schüler
- sich mit der Grenze beschäftigen zwischen jener Nähe, die Jesus zu den Menschen seiner Zeit gelebt hat, und einer unangemessenen kumpelhaften Vertraulichkeit;
- am Text von O. Knoch „Das Gottesbild im Neuen Testament" (Mat. 26) die wichtigsten Züge des Gottesbildes Jesu erarbeiten und im Heft festhalten;
- das Gleichnis vom verlorenen Sohn erinnern und in einer Aktualisierung erfahren, was für ein Gottesbild Jesus vertritt und was das von uns verlangt.

C. Stundenverlauf

Die **Phase 1** beginnt so, daß der Lehrer nach der Begrüßung den Text von L. Czychun „Hey, Jesus" (Mat. F, s. S. 55) vorliest und die Schüler bittet, diesen Text zu

Mat. F

> **Ludwig Czychun „Hey, Jesus!"**
>
> Hey, Jesus,
> ich möchte gerne mal mit dir
> auf 'ner Honda sitzen
> und im Sommerwind
> durch das Land fahren.
> Hey, Jesus,
> ich möchte gerne mal mit dir
> ein Bier trinken
> in der Kneipe an der Ecke.
> Sie sagen,
> du verstündest was von Freiheit.
> Oder nicht?
>
> (unveröffentlicht)

beurteilen. Man wird davon ausgehen können, daß sehr rasch in der Klasse zwei sich widersprechende Meinungen vertreten werden. Eine endgültige Entscheidung muß nicht gefällt werden. Mit der Frage nach der Grenze hin zu Aufdringlichkeit, Zumutung oder Kumpelhaftigkeit wird die eigentliche Aufgabe dieser Phase gestellt. Die gefragte Grenze wird nicht in Worte gefaßt werden können. Es geht aber auch nicht darum, sondern es soll den Schülern ein Gefühl für die Grenze vermittelt werden.

Die **Phase 2** verlangt eine Textbearbeitung in Partnerarbeit. Es wäre gut, wenn jedem Schüler ein Blatt mit dem Text vorliegen würde. Es geht rascher, die entsprechenden Textpartien zu unterstreichen als sie herauszuschreiben. Bei der Ergebnisüberprüfung hat es sich bewährt, die unterstrichenen zentralen Textstellen durchzunumerieren.
Otto Knoch (geb. 1926) ist Professor für Biblische Einleitungswissenschaften und Biblische Kerygmatik an der Universität Passau. Er ist auch Geschäftsführer der Katholischen Bibelanstalt in Stuttgart.

Die Überleitung zur **Phase 3** kann mit der Frage geschehen, in welchem bekannten Bibeltext Jesus sein Gottesbild vom liebevollen Vater am klarsten ausgedrückt hat. Vielleicht erinnern sich Schüler an die Anrede des „Vater unser", einige werden aber auch das Gleichnis vom verlorenen Sohn nennen. Es ist ratsam, es vorlesen zu lassen. Zu viele Schüler kommen aus kirchenfernen Elternhäusern in den Religionsunterricht und haben zu den biblischen Texten gar kein oder nur ein recht distanziertes Verhältnis. Wenn dann der Lehrer den das Gleichnis aktualisierenden Text eingeführt und die Aufgabe – den Vergleich – gestellt hat, kann er selbst vorlesen. Der Text von M. Fischer (Mat. G, s. S. 56ff.) ist recht lang. Es wäre sehr störend, wenn der Stundengong diesen Arbeitsteil unterbricht. Deshalb sei geraten, zunächst die Phase 3 abzuschließen und erst dann die Ergebnisfixierung aus Phase 2 vorzunehmen.
Manfred Fischer (geb. 1933) ist Pfarrer und Direktor der Evangelischen Akademie Bad Boll.

Manfred Fischer,
Trip in die Freiheit, Rückkehr in die Freude

Ein Mensch hatte zwei Söhne,
zwei Stammhalter und Namensträger,
zwei Objekte seiner Sehnsüchte.
Zwei Töchter hatte er auch noch,
doch sie zählten nicht,
sie waren ja bloß Mädchen.

Die zwei Söhne hatten natürlich auch eine Mutter –
aber die zählte auch nicht;
sie war bloß jemand, der für sie kochte, wusch und putzte.
Die Mutter hatte die zwei Söhne rasch nacheinander.
Nur ein Jahr, ein knappes, waren sie auseinander.

Zwei Söhne also hatte der Vater,
zwei Rivalen, zwei Streithähne,
und dauernd gab es Zank und Krach um Spielzeug,
um die Gunst und den Geldbeutel des Vaters.

Und der Jüngere sprach zu seinem Vater:
Gib mir, Vater, das Geld, das auf meinem Sparbuch steht.
Gib mir das Erbteil, das mir zusteht nach dem Gesetz.
Ich brauche es, ich gehe fort,
ich halte es hier nicht mehr aus.
Ich möchte kein Abklatsch meines Vaters sein,
kein Abziehbild mütterlicher kummervoller Wünsche.

Er sprach: Gib mir, Vater, das Geld,
das ihr sowieso für mich ausgeben müßt.
Ich ziehe in eine Wohngemeinschaft
mit meiner Freundin.

Aber der Vater machte da nicht mit,
wollte seinen Sohn zum Bleiben überreden,
versprach ihm ein Auto und mehr Taschengeld.
Doch der Sohn teilte die Ansicht des Vaters nicht,
willigte nicht ein, blieb hart,
auch als der Vater drohte,
nichts zu geben, keinen Pfennig.

Da packte er seine Siebensachen
und stahl sich heimlich fort –
nachts.
Und weil der Vater sein Gut nicht teilte,
sammelte der Sohn alles zusammen
an Geld und Wertsachen,

was er in der Wohnung fand –
nachts,
packte seinen Seesack und seine Gitarre
und zog ferne über Land per Anhalter,
mal allein, mal mit Mädchen.
Da saß er an Auffahrten und Tankstellen,
sang Lieder und trank Wein,
übernachtete im Schlafsack unter freiem Himmel.

Er zog ferne über Land,
über die Autostrada del Sole nach Rom.
Und er ging zur Spanischen Treppe.
Daselbst brachte er sein Gut um mit Prassen,
mit Wein und Zigaretten
und braunem und schwarzem Afghan,
in Lokalen, in Parkanlagen, am Strand
und auch in Absteigen.
Er nahm, was sich ihm bot.
Und so brachte er sein Geld durch
in feuchtfröhlichen Runden
mit Freunden und Mädchen.
Sie ließen die Flaschen kreisen und den Joint
und brachten ihn um alles.

Als er nun all das Seine verzehrt hatte,
als seine Kasse leer war und niemand ihm Geld lieh,
da kam eine Krise in das Land
mit Arbeitslosigkeit und galoppierenden Preisen.
Da gab es keine Jobs mehr,
und die Gäste zahlten nichts,
wenn er sang zur Gitarre
in Restaurants und Gartenlokalen
im Trastevere und an der Straße nach Ostia.
Und er fing an zu darben.
Er sammelte Zigarettenkippen.
Und wenn er um einen Schluck bettelte,
jagten sie ihn fort.
Da ging er hin zu dem Markt
auf dem Campo dei Fiori,
zu den Marktweibern und Händlern
hinter ihren Obst- und Fischständen
und wollte ihnen zu Diensten sein
in der Hoffnung,
wenigstens Halbverdorbenes zu erhalten.
Aber niemand gab es ihm.

Da schlug er noch nicht in sich,
schlug sich den Gedanken an zu Hause aus dem Kopf.

Da schlug er sich durch mit Stehlen.
Bald war er verdreckt
und gehetzt in den Gassen
und allein.
Und im Dunkel der Anlagen
schlug er sich herum mit dem Gedanken,
heimzukehren.

Und er sprach zu sich:
Wie viele Möglichkeiten habe ich daheim,
zu lernen, Geld zu verdienen
und das Leben zu genießen!
Hier gehe ich zugrunde,
hier verrecke ich, wenn der Winter kommt.
Hier fragt keiner nach mir.
Ich will mich aufmachen und zu meinem Vater gehen.
Und ich werde zu ihm sagen:
Vater, vergib! Es war alles falsch,
aber ich wollte es so, wollte unbedingt in die Ferne.
Ich weiß, ich habe Unrecht getan,
habe nur nach mir selbst gefragt,
nicht nach euch, nicht nach Gott.
Laßt mich noch einmal von vorne beginnen!

Und er machte sich auf im Morgengrauen
durch leere Straßen zur Autostrada,
wartete geduldig, bis man ihn mitnahm
Kilometer um Kilometer nach Norden.
Je näher er der Heimat kam,
um so mehr klopfte sein Herz.
Und als man ihn in seiner Stadt absetzte,
da machte er sich auf zum elterlichen Hause,
da machte er sich auf eine Auseinandersetzung gefaßt,
da machte er sich keine Illusionen.
Und er hatte Angst.

Als er aber noch ferne vom Haus war,
an der Gartentür,
erkannte ihn sein Vater zuerst nicht,
sah nur eine verdreckte Gestalt,
wollte den Langhaarigen fortjagen vom Grundstück.
Und dann erschrak er, als er ihn genauer ansah,
seinen Sohn,
und er starrte auf die Gitarre, die wohlbekannte,
und die schmierige Jacke des Nahenden.
Da kamen ihm die Tränen aus Jammer und vor Freude.
Und er eilte ihm entgegen

die Treppen hinunter an die Haustür,
und er schloß ihn in seine Arme,
was er sonst nie getan.

Der Sohn aber sprach:
Vater, vergib, daß es so gekommen ist mit mir.
Aber ich wollte euch los sein,
ich war fertig mit euch.
Ich wollte von nichts mehr etwas wissen.
Ich wollte nur meine Freiheit.
Da habe ich dann in den Tag hinein gelebt,
wie es mir paßte,
habe nach nichts und nach niemand gefragt,
bis ich ganz unten war und am Ende.
So habe ich Gott verloren und mich selbst.
Ich weiß, daß ich hinfort nichts wert bin.

Aber der Vater sprach:
Daß du gekommen bist, das muß gefeiert werden!
Du bist mein lieber Sohn
trotz allem, was geschehen ist.
Jetzt zählt nur eines:
du bist zurückgekehrt zu uns.

Und er dachte bei sich:
Dieser mein Sohn war verloren
an einen Wunschtraum vom freien Leben,
verloren an Rausch und Sex,
an Leichtsinn und Naivität,
und ist gefunden worden für einen neuen Anfang
mit den Menschen, die zu ihm gehören.
Dieser mein Sohn war auf der Flucht
vor dem Anspruch und der Liebe anderer
und ist zu ihnen zurückgekehrt.
Er hatte sich selbst verloren
und hat sich wiedergefunden bei Gottes Liebe.
Er war tot, weil er nur Nein sagte,
und ist wieder lebendig geworden,
weil er das Ja gefunden hat
zu sich selbst, zu anderen, zu Gott.

Und der Vater bekannte:
Mein Sohn, auch ich habe gesündigt
gegen den Himmel und vor dir,
weil ich in dir nur mein Wunschbild liebte.
Aber der Sohn antwortete:
Heute haben wir Grund zur Freude,
denn dieser mein Vater war tot

im leblosen Trott seines Alltags,
erstarrt in Prinzipien und Konventionen,
erkaltet in seinen Gefühlen,
und ist wieder lebendig geworden,
verständnisvoll und gütig.

Aber der ältere Bruder
kam spät von der Arbeit nach Hause.
Da schlug ihm laute Musik entgegen,
Lachen und Klirren von Gläsern.
Und er spürte die Gegenwart des Bruders.
Da ging er hinauf in seine Kammer
und schloß sich ein.
Er wollte nicht hineinsehen,
nicht in das festliche Zimmer,
nicht in das Gesicht seines verlorenen Bruders.
Er konnte nicht herausgehen aus sich,
nicht aus der Empörung über die Freude der Eltern.
Er fand nicht heraus aus beleidigtem Ärger,
sondern krallte sich fest in Wut.
Er wollte nicht hineingehen,
auch nicht in andere Regungen seines Herzens.

Da ging der Vater zu ihm hinauf und bat ihn.
Aber er wollte gar nicht gebeten sein.
Ihm ging es um Gerechtigkeit.
Sein Bruder hatte gestohlen,
hatte gesoffen, gehurt und gehascht
und war heruntergekommen wie ein Schwein.
Und ausgerechnet der wird gefeiert!
Er selbst dagegen hatte fleißig studiert
und in den Ferien Geld verdient,
hatte sein Examen bestanden mit Auszeichnung.
Er war stets ein vorbildlicher Sohn gewesen,
aber er bekam nichts, keinen Dank,
nur langweilige Selbstverständlichkeiten.

Und er sprach zum Vater:
Mir hast du deine Zuneigung nie so gezeigt.
Du hast nie an mich gedacht,
ob ich nicht auch einmal feiern wollte.
Du hast mir nie etwas mitgebracht
und nie einen Scheck gegeben,
daß ich mich einmal mit meinen Freunden amüsiere.
Aber kaum ist der Verkommene zurück,
der sich fast zu Tode vergnügt hat,
da fällt dir nichts anderes ein,

als zu feiern,
als aufzutischen,
als zu bechern,
als Geld mit vollen Händen rauszuschmeißen.

Der Vater aber sprach zu ihm:
Wir haben doch immer zusammengelebt,
haben doch auch zusammen gefeiert.
Aber dieser dein Bruder war tot
und ist wieder zurückgekehrt
in ein sinnvolles Leben.
Er vegetierte wie ein Tier
und ist wieder Mensch geworden.
Denn für ihn war Gott tot
und ist wieder lebendig geworden
und hat seine Macht an ihm bewiesen.

Aber der Sohn antwortete:
Gib mir, mein Vater, das Teil der Güter,
das mir gehört.
Und nicht lange danach
sammelte er alles zusammen, was er hatte,
und zog ferne über Land.

Manfred Fischer, Niedergefahren zur Erde, Quell Verlag, Stuttgart [3]1980

15. Stunde: Ein erster Blick über den Zaun: Gott in anderen Religionen

A. Methodisch-didaktische Vorbemerkungen

Das Thema dieser Stunde wird die Schüler interessieren. Sie werden gespannt sein. Die Problematik dieser Stunde liegt darin, einen verantwortbaren Einblick in die Gottesvorstellungen fremder Religionen in der zur Verfügung stehenden Zeit zu geben. Man sollte mit diesem Stundenvorschlag in zweierlei Hinsicht frei umgehen: Wenn die Schüler mitziehen, kann der Blick über den Zaun zu anderen Religionen auf eine zweite oder gar dritte Stunde ausgedehnt werden. Wenn die Schüler nicht mitziehen oder wenn der Lehrer auf frühere Unterrichtseinheiten nicht zurückgreifen kann und deshalb glaubt, diese eine Stunde nicht verantworten zu können, mag er sie als fakultativ betrachten und nicht unterrichten. Ganz ähnlich verhält es sich mit der folgenden Stunde.
Wichtig erscheint mir, Abschweifungen zu vermeiden, nicht allgemein über andere Religionen zu unterrichten, sondern allein über ihre Gottesvorstellungen. Zum anderen sollten die drei angesprochenen Religionen präzise gegeneinander abgegrenzt werden, damit in den Schülerköpfen kein Durcheinander entsteht. Darum sollte bei dieser Stunde auch besonderer Wert auf die Fixierung der Ergebnisse gelegt werden.

B. Ziele der Stunde

In dieser Stunde sollen die Schüler lernen,

- daß der Zen-Buddhismus auf Aussagen über Gott verzichtet, aber sich dennoch für das Umfassende öffnen will;
- daß Allah im Islam kein Eigenname ist, sondern das Wort für Gott;
- wie Gott im Islam beschrieben wird und wie akzeptabel diese Beschreibungen für Christen sind;
- daß sich im Verzicht auf Aussagen über Gott im Zen-Buddhismus wie im üblichen islamischen Verzicht, Gott mit Namen anzureden, Ehrfurcht vor der Hoheit Gottes ausdrückt;
- wie ein Denker im Hinduismus getreu seiner Tradition ebenfalls die Unbegreiflichkeit Gottes ausdrückt und daraus die Toleranz der Religionen untereinander folgert;
- brüderlich mit anders Glaubenden umzugehen.

C. Stundenverlauf

Die **Phase 1** bedarf einer kurzen Einführung. Der Kollege sollte den Zen-Buddhismus geographisch (vor allem in Japan vertreten) einordnen, seine Meditationsformen (Schweige- und Sitzmeditationen, Bogenschießen, Blumenstecken, Schwertkampf, Schreib- und Malmeditationen) ansprechen, das zunehmende Interesse, das er bei westlich geprägten Menschen findet usw. Damit wird den Schülern ein Zugang zu dem Bild „Spur“ (Mat. 28) von W. Dinges eröffnet: In der Meditation gleichsam frei von allen Begierden, nichts wollend, unbeabsichtigt entstand der Pinselstrich, der zu einer Spur des Unendlichen in der Welt des Endlichen geworden ist. Er ist harmonisch in seiner Form, aber nicht ohne Spannung. Er ist nicht einfach rund, kreisförmig; er ist auch in der Dicke des Pinselstrichs nicht ebenmäßig; er besitzt deutlich einen Anfang und ein Ende. Aber gerade so drückt er das Wesen und das Wirken des Unendlichen aus: Auch Wind, Wolken, Baum oder Moos, auch Mensch und Tier sind nicht glatt und harmonisch, kommen für jeweils ihre Zeit aus dem Nichts und gehen in das Nichts zurück. Das nächste Blatt „Ochse und Selbst verschwinden“ (Mat. 27) will diese Gedanken vertiefen: Bild und Kommentar gehen auf den Maler und Zen-Meister Kakuan aus dem 12. Jahrhundert zurück und sind das 8. Blatt in einer Reihe von 10 Blättern. Es kann bei der Arbeit mit Schülern nicht um eine angemessene Interpretation gehen. Aber die Schüler können feststellen, daß Peitsche, Seil, Mensch und Ochse dem Nichts unterworfen sind, während der Himmel unermeßlich und unbefleckbar ist. Was ist mit dem Himmel gemeint? Der Ochse ist übrigens das ewige Prinzip des Lebens, die Wahrheit in Aktion. Also auch Mensch, Wahrheit, Aktion unterliegen dem Nichts.

Die **Phase 2** beschäftigt sich mit Texten aus dem Islam (Mat. 29), der den Schülern eher bekannt ist als der Zen-Buddhismus. Die erste Sure wird vom Moslem immer und immer wieder gebetet. Ihre Bedeutung für das islamische Leben kann gar nicht überschätzt werden. Doch wenn diese Sure jeden Moslem von frühesten Kindesbeinen an bis ins hohe Alter und zum Tod tagtäglich begleitet, wie prägt sie muslimisches Denken und Handeln?
Mit dem Anfang der 57. Sure wird die Arbeit an Sure 1 weitergeführt und auf eine etwas breitere Grundlage gestellt.

In **Phase 3** soll eine Stimme aus dem Hinduismus zu Wort kommen (Mat. H, s. S. 63). Vielleicht sollte der Lehrer an dieser Stelle weniger vom Hinduismus sprechen als von einem Vertreter aus dem Hinduis-

Mat. H

Ramakrishna spricht über Gott

Du siehst nachts viele Sterne am Himmel, aber findest sie bei Sonnenaufgang nicht mehr. Kannst du deshalb sagen, daß tagsüber keine Sterne am Himmel stehen? So sage auch nicht, daß es keinen Gott gebe, weil du ihn in den Tagen deiner Unwissenheit nicht siehst. Ein und dasselbe Ding, zum Beispiel das Wasser, wird von verschiedenen Völkern mit verschiedenen Namen belegt. Die einen nennen es „water" die anderen „eau", die dritten „aqua" und wieder andere „pani". So wird auch das Sat-Tschit-Ananda (Denken-Sein-Wonne, d.h. das Brahman) von manchen Gott, von anderen Allah, Jehova, Hari (Krischna) oder Brahman genannt. Wie man auf das Dach eines Hauses mittels einer Leiter eines Bambusstabes, einer Treppe oder eines Stricks gelangen kann, so gibt es auch mannigfaltige Mittel und Wege, um Gott näherzukommen, und jede Religion auf dieser Welt zeigt einen dieser Wege. Verschiedene Glaubensbekenntnisse sind nur verschiedene Pfade zum Allmächtigen ...

aus: Die großen Religionen der Welt, © 1959 by Droemersche Verlagsanstalt Th. Knaur Nachfolger München/Zürich, S. 36

mus. Der Hinduismus ist als ein Religionsmuseum bezeichnet worden. Unter seinem Dach finden die unterschiedlichsten Anschauungen Platz. Doch es ist schön zu sehen, daß eine solche Stimme wie die Ramakrishnas durchaus ihren Platz im Hinduismus hat.

Sri Ramakrishna (1836–1886) gilt im Hinduismus als Heiliger. Er versuchte hinduistisches und abendländisches Denken zu vereinen. Wegen seiner besonderen Beziehung zur Natur und seinem fröhlichen Wesen wird er häufig mit Franz von Assisi verglichen.

Es wäre gut, wenn der Lehrer im Zusammenhang mit diesen Stimmen auf Apg. 17/27 hinweisen würde, wo Paulus zitiert wird auf dem Areopag in Athen. Dort sagt er zu heidnischen Zuhörern: „Keinem von uns ist Gott fern." In Jesaja 66/18–21 wird für die Endzeit die Hoffnung ausgedrückt, daß Vertreter aus allen Völkern zum Berg des Herrn kommen werden und Gott selbst wird „auch aus ihnen Priester" (V. 21) nehmen.

Die **Hausaufgabe** greift noch einmal zurück auf einen Text aus dem Islam (Mat. 30). Die Schüler sollen die Namen Allahs heraussuchen, die sie nicht akzeptieren können. Auf diese Weise wird die Wiederholung in der nächsten Stunde noch zu einem Austausch über angemessene und unangemessene Bezeichnungen für Gott führen.

16. Stunde: Ein zweiter Blick über den Zaun: Die Gottesleugner

A. Methodisch-didaktische Vorbemerkungen

Für diese Stunde gilt, was an der gleichen Stelle zur 15. Stunde gesagt worden ist: In einer Stunde etwas Angemessenes zu den Gottesleugnern zu sagen, ist ein Wagnis. Wer glaubt, dies Wagnis nicht eingehen

zu können, sei ermutigt, auf diese Stunde gänzlich zu verzichten oder sich eine weitere Stunde Zeit zu nehmen. Viel wird am Interesse der Schüler liegen, viel wird auch daran liegen, ob der Lehrer auf frühere Unterrichtsinhalte zurückgreifen kann.
Im allgemeinen stößt dieses Thema bei den Schülern auf Interesse. Ich habe auch schon die Stunde 15 und 16 alternativ angeboten. In keinem Fall sollte der Atheismus oberflächlich abqualifiziert werden. Die Materialien I und 32, B. Brecht „Der Tod der Frommen“ und P. Th. d'Holbach „Gebet eines Atheisten, wenn er sich Gott gegenübergestellt sähe“, sind so ausgewählt, daß die Betroffenheit der Autoren beim Leser zur Zurückhaltung, wenn nicht sogar zum Respekt führt.

B. Ziele der Stunde

Am Ende der Stunde sollen die Schüler
- verschiedene Stimmen aus dem atheistischen Komplex gehört haben;
- an Suchomlinskij die Kraft der Verführung,
- aber auch das falsche Gottesbild kennengelernt haben;
- am Text von B. Brecht „Der Tod der Frommen“ (Mat. I) Respekt für diesen oder jenen Atheisten empfinden;
- in der Beschäftigung mit Karl Marx einen Blick auf die historische Dimension geworfen haben;
- in Paul Thiry d'Holbach einem Vertreter des philosophischen Atheismus begegnet sein.

C. Stundenverlauf

In **Phase 1** wird das Märchen von V. Suchomlinskij (Mat. 31) gelesen und bearbeitet. Das Märchen klingt angenehm, es ist eingängig, man hört ihm gerne zu. Erst auf den zweiten Blick erkennt man, was für ein schlimmes Gottesbild der Verfasser den Kindern vermittelt. Das ist nicht der Gott der Bibel, auch nicht der Gott des Judentums, des Islam, des Hinduismus oder Buddhismus, soweit man beim Buddhismus überhaupt von Gott reden darf.
Vassilij Suchomlinskij (1918–1970) war einer der namhaftesten sowjetischen Pädagogen, der mit vielen Aufsätzen, Büchern und auch Märchen an die Öffentlichkeit getreten ist. Das Märchen stammt aus seinem „Buch der Liebe“. Leider erzieht dieses Märchen seine jungen Leser gerade nicht zur Liebe, sondern verführt sie auf demagogische Weise, einen böswilligen Gott anzunehmen und ihn in religiösen Menschen zu bekämpfen. Nur dumme oder verängstigte Menschen verehren einen solchen Gott.
Mit dem Vorlesen einer kurzen Erzählung durch den Lehrer beginnt die **Phase 2**. Brechts Erzählung „Der Tod der Frommen“ (Mat. I, s. S. 65) ist auch als Gegenstück zum Märchen V. Suchomlinskijs gedacht. Die Erzählung macht einsichtig, daß Menschen auf Grund bestimmter Erlebnisse nicht mehr auf Gott vertrauen können. Aus dem Holocaust sind uns dafür erschütternde Beispiele ebenso bekannt wie das andere, daß Menschen in ausweglos scheinenden Situationen zu Gott gefunden haben. Jedes verurteilende Wort wäre fehl am Platz.

Die **Phase 3** bringt über das Zitat das Gespräch auf Karl Marx und seine Religionskritik. Es ist wohl dem Kollegen, dessen Schüler über die Industrielle Revolution, den Frühkapitalismus und das Arbeiterelend überhaupt keine Vorkenntnisse besitzen, davon abzuraten, diese Gedanken einzubringen. Sinnvoll erscheint die Phase 3 nur dann, wenn sie eine Wiederho-

Mat. I

Bertolt Brecht,
Der Tod der Frommen

Die Schwester meiner Großmutter war sehr fromm. Sie hatte vierhundert Kronen Rente im Jahr und ein Zimmer bei ihrer Schwester, meiner Großmutter. Dieser gab sie das Geld, von dem für sie gekauft wurde, was sie brauchte. So mußte sie kein Geld in die Hand nehmen. Sie verdiente noch etwas Geld zu, indem sie Strümpfe strickte, das Paar für 29 Öre. Aus dem Erlös beschenkte sie die Armen. Sie trug niemals Schmuck, nicht einmal eine Brosche; ihr Kleid trug sie 30 Jahre lang. In der zweiten Hälfte ihres Lebens lernte sie ohne Lehrer Griechisch und Lateinisch, aber dennoch lebte sie auch dann noch mit nur zwei Büchern, einer Bibel und einem Kleinen Katechismus. Sie wurde 85 Jahre alt. Ihr Todeskampf dauerte aber 3 volle Tage. Im Fieber sprach sie oft von Napoleon, den sie in ihrer Jugend verehrt hatte. Außerdem versuchte sie ununterbrochen zu beten, hatte aber die Worte des Vaterunsers vergessen, was sie sehr quälte. Dieser Tod brachte mich um den Rest meines Glaubens an Gott.

aus: Gesammelte Werke.

lung und Auffrischung von früher Gelerntem ist.
Das berühmte Zitat, das von Lenin verändert worden ist zu „Religion ist Opium für das Volk“ (womit er den Priesterbetrug intendiert), findet sich in der „Einleitung zur Kritik der Hegelschen Rechtsphilosophie“ (s. u.).
Für die **Schlußphase** oder als **Hausaufgabe** wird die Beschäftigung mit Paul Thiry d'Holbach vorgeschlagen: „Gebet eines Atheisten, wenn er sich Gott gegenübergestellt sähe“ (Mat. 32). Dieser Text wird nicht jeder Klasse zuzumuten sein. Wo dies aber möglich ist, werden die Schüler Gewinn daraus ziehen, denn die Argumente d'Holbachs sind nur allzu menschliche Argumente. Glaubende und Nicht-Glaubende begegnen sich. Die Wand wird papiern dünn. Die Anfechtung ist eine stete Begleiterin des Glaubens, wie wohl die Ermutigung zum Glauben eine stete Begleiterin der Gottesleugnung ist.
Paul Thiry d'Holbach (1723–1789) hieß

Das religiöse Elend ist in einem der *Ausdruck* des wirklichen Elendes und die *Protestation* gegen das wirkliche Elend. Die Religion ist der Seufzer der bedrängten Kreatur, das Gemüt einer herzlosen Welt, wie sie der Geist geistloser Zustände ist. Sie ist das *Opium* des Volks.
Die Aufhebung der Religion als des *illusorischen* Glücks des Volkes ist die Forderung seines *wirklichen* Glücks. Die Forderung, die Illusionen über seinen Zustand aufzugeben, ist die *Forderung, einen Zustand aufzugeben, der der Illusionen bedarf.* Die Kritik der Religion ist also im Keim die *Kritik des Jammertales,* dessen *Heiligenschein* die Religion ist.

aus: Karl Marx, „Einleitung zur Kritik der Hegelschen Rechtsphilosophie“ (1843/1844)

eigentlich Paul Dietrich von Holbach. Er stammte aus der Pfalz, lebte aber lange Zeit in Paris und starb auch dort. Er gehört mit Julien Offray de Lamettrie zu den frühen französischen Aufklärern.
Inwieweit eine Ergebnisfixierung angebracht ist, wird sich daran entscheiden, welchen Stellenwert der Kollege dieser Stunde beimißt.

17. Stunde: Über Gott reden – Mit Gott reden

A. Methodisch-didaktische Vorbemerkungen

In dieser Stunde soll in traditionell schulischer Weise gelernt werden. Die klassischen Gottesbeweise müssen vom Lehrer vorgetragen werden. Das bewertende Gespräch wird auf Schülerseite vor allem von Gefühlen ausgehen. Daß Gott objektiviert wird, gleichsam vor den Richterstuhl der menschlichen Vernunft zitiert wird, darauf muß der Lehrer hinweisen.
Die Gottesbeweise sollten in dieser Klassenstufe erst dann unterrichtet werden, wenn die Schüler das entsprechende Angebot akzeptiert haben. Die Gottesbeweise sind ein ehrwürdiger Bestand christlich-abendländischen Denkens, sie geben für den folgenden Unterrichtsschritt einen geeigneten Kontrapunkt ab, aber sie sind nicht zentraler Bestandteil dieser Unterrichtseinheit.
Zentraler Bestandteil aber ist der Gedanke, daß das einzig angemessene Reden mit und zu Gott geschieht und nicht über ihn, daß also das Gebet und nicht die theologische oder philosophische Reflektion angemessen ist. Der Text „Biblisches Reden von Gott“ von Th. Jaeckel (Mat. 33) dient dieser Einsicht. Der Text „Ein Gebet“ (Mat. 34) setzt diese Einsicht nicht nur in die Praxis um, sondern verknüpft damit auch noch die Erfahrung des fremden, uns Menschen immer wieder überraschenden Gottes.

B. Ziele der Stunde

Wenn der Lehrer sich im Gespräch mit seinen Schülern für die Unterrichtung der Gottesbeweise entschieden hat, dann lernen die Schüler in dieser Stunde
- zunächst die klassischen Gottesbeweise kennen und beurteilen.
- Sie lernen, daß legitimes Reden immer nur zu und mit Gott geschieht, aber niemals über ihn. Das Gebet ist angemessen, nicht die theologische Reflektion.
- Sie werden an einem Beispiel erfahren, wie das konkret aussieht.

C. Stundenverlauf

Die **Phase 1** beginnt damit, daß der Lehrer seiner Lerngruppe kurz von den Gottesbeweisen erzählt, die seit der Antike die Dogmengeschichte beschäftigen, und ihr anbietet, die Gottesbeweise in aller Kürze vorzustellen. Erst wenn die Gruppe auf diesen Vorschlag eingeht, sollte das Thema unterrichtet werden.
Einige Bemerkungen zu den Gottesbeweisen:
Dem kosmologischen Beweis wird von Schülern eine gewisse Bedeutung zugestanden: Viele von ihnen können in den Ordnungen und Schönheiten (= Kosmos) Spuren Gottes entdecken.
Der teleologische Beweis (von telos = Ziel) ist den Schülern fremd. Zielgerichtetheit der Welt, Zweck der Geschichte, das sind für sie kaum je gedachte Denkfiguren. Im Unterricht vorgetragen rühren diese Begriffe an Zukunftsängste.

Ebenso fremd ist ihnen der ontologische (on = seiend) Gottesbeweis. Hinter diesem Beweis steht die platonische Ideenlehre. Daß Denkbarkeit Existenz begründen soll, ist ihnen als Comic- und Sciencefiktion-Leser unbegreiflich.

Dagegen finden viele am moralischen Gottesbeweis Gefallen. Das verlangt schon das ausgeprägte Gerechtigkeitsgefühl junger Menschen. Allerdings steht man sofort vor einer neuen Schwierigkeit, wenn die Frage gestellt wird, wie denn der Ausgleich zu denken sei, ob es denn doch eine Hölle als jenseitigen Strafort gebe.
Auf Cicero geht das „argumentum e consensu gentium" zurück, der Rückschluß auf Gott von der Beobachtung aus, daß alle Völker Gottesvorstellungen besitzen.
In unserer Welt ist der Beweis naturwissenschaftlich geprägt und definiert. Nach den für den naturwissenschaftlichen Beweis geltenden Kriterien handelt es sich bei keiner dieser Denkfiguren um einen Beweis. Allenfalls kann man sie als Hinweise gelten lassen. Theologisch gedacht stellt sich die menschliche Vernunft in diesen Denkfiguren über Gott, maßt sich an, die Existenz Gottes beurteilen zu können. Kant kritisiert, daß mit diesen Beweisen Denkgesetze der Immanenz auf die Transzendenz, der sichtbaren Welt unsrer Erfahrungen auf die unsichtbare Welt Gottes angewendet werden. Allerdings hat Kant selbst mit dem von ihm initiierten moralischen Gottesbeweis gegen seine eigene Kritik verstoßen. Im übrigen kennt die Theologie weitere Hinweise auf Gott: z. B. in der körperlichen und geistig-seelischen Geschöpflichkeit des Menschen, in seinem Gewissen, seiner Geschichte, seinem Ungenügen (Schuld) u. a. m.

Phase 2 ist zentral für diese Stunde. In dieser Phase muß für jeden Schüler wenig-

Kurt Marti,
die passion des wortes GOTT

das blutet aus allen wunden
das wird vergewaltigt noch und noch
das ist verraten zertrampelt zerschossen geköpft
gerädert gevierteilt gezehnteilt
verlorene glieder wurden durch monströse prothesen ersetzt
das ist sich selber und uns und allem entfremdet
ist schizo und neuro und psycho
zerstochen über und über von nadeln mit denen
fremde substanzen injiziert worden sind
das agonisiert ohne ende
ist vielleicht schon tot oder noch nicht oder
das consilium der ärzte diskutiert noch zur zeit
und ALSO wurde das wort GOTT
zum letzten der wörter
zum ausgebeutetsten aller begriffe
zur geräumten metapher
zum proleten der sprache

stens rational klar werden, daß das einzig legitime Reden nicht das Sprechen über Gott, sondern das Sprechen zu Gott ist, das Gebet (Mat. 34). Wenn Schüler auf die Unlogik hinweisen, die schon mit dem Thema dieser Unterrichtseinheit gegeben ist, muß diese Unlogik eingestanden werden.
Das Zitat von Heinrich Böll (siehe Beilage) (zitiert von K.-J. Kuschel in Hoeren/ Kessler „Gottesbilder", Stuttgart 1988, S. 175) vertieft und radikalisiert den Gedanken: Schon allein das Wort „Gott" verführt zu objektivierendem Denken, legt nahe, Gott zu einem Gegenstand unseres Denkens zu machen.
Bei Kurt Marti „Abendland", Darmstadt 1980, findet sich auf Seite 11 das Gedicht „die passion des wortes GOTT", das ganz Ähnliches ausdrückt (s. S. 67).

Mit **Phase 3** (Schluß) wird der Schritt zur Konkretion getan. Unter vielen ähnlichen Gebeten ist bewußt ein Kirchengebet ausgewählt worden (Mat. 34), um den üblichen Vorurteilen der Schüler über Kirche und Gottesdienst entgegenzutreten: So wird in unsren Gottesdiensten gebetet. Natürlich müßte das Gebet eigentlich auch als Gebet gsprochen werden.

18. Stunde: Vor Gott leben

A. Methodisch-didaktische Vorbemerkungen

Diese Stunde schließt als eine besondere Stunde die Unterrichtseinheit „Gott suchen – Gott erfahren" ab. Sie ist den Schülern in ihrer Konzeption vorgeschlagen worden und von ihnen akzeptiert worden. Die Schüler haben die Stunde wesentlich mit vorbereitet, sie haben Lieder und Texte, vielleicht sogar etwas zu essen und trinken mitgebracht. Der Lehrer kann bei den Vorbereitungen helfen, auch selber dies oder jenes gestalten. Die Verantwortung für diese Stunde wird in jedem Fall bei ihm liegen. Einige Vorschläge für die Gestaltung finden sich in der Stundenverlaufsbeschreibung. Gegen den erklärten Willen der Schüler kann diese Stunde nicht gelingen.
Die Atmosphäre der Stunde ist nachdenklich, meditativ. Elemente der zurückliegenden Einheiten können und sollen aufgenommen werden. Das Thema dieser Stunde, „Vor Gott leben", weist auf den dritten und letzten Schritt hin: Vom Reden über Gott zum Reden mit Gott und jetzt zum Leben vor Gott. Wenn Paulus mehrfach vom „Beten ohne Unterlaß" schreibt, dann meint er damit dies, die dialogische Existenz des Christen.
Der Kollege, dem eine solche Stunde widerstrebt, sei auf den 30-minütigen Videofilm „Der liebe Gott – wie sieht er aus? ... ganz anders" hingewiesen. Dieser Film ist der dritte einer Reihe von drei Filmen, in denen über Gott nachgedacht wird. In diesem dritten Teil wird das beispielhaft gezeigt, um was es hier in den letzten zwei Stunden geht: Die Reflektion über Gott ist ersetzt durch das Gespräch mit ihm. Die Theologin Dorothee Sölle spricht mit Gott, bittet, fragt, klagt, betet angesichts von Nöten der Gegenwart wie z.B. Umweltzerstörungen, Krankheiten, Unfreiheit, Tod usw.

B. Ziele der Stunde

In dieser Stunde sollen die Schüler
- sich meditativ, nachdenklich, phantasievoll noch einmal dem Thema und einigen seiner Elemente nähern;
- in ganz besonderer Weise mit dem zu Wort kommen, was ihnen wichtig ist;

- mit Hilfe von Bibelstellen, Bildern und Texten auf der Gefühlsebene dem Thema begegnen;
- und der Lehrer sich freuen können und Gemeinschaft leben.

C. Stundenverlauf

Dürfen schon alle vorherigen Stunden nur als Skizzen begriffen werden – Unterricht ist ein lebendiger Prozeß und kann nicht bis in alle Einzelheiten hinein geplant werden –, so gilt dies ganz besonders für diese Stunde. Mit anderen Worten: Lehrer und Schüler können diese Stunde völlig anders konzipieren.

Nach der hier vorgelegten Skizze beginnt die Stunde in **Phase 1** mit einem kleinen Gespräch über das widersprüchlich klingende Zitat von Simone Weil: „Sprich mir schweigend von Gott." Wie soll das gehen? Was kann S. Weil damit gemeint haben?
Die Frage nach den Orten der Gotteserfahrung nimmt Gedanken des vergangenen Unterrichts auf, die sich verstreut an verschiedenen Stellen finden: Natur, Ordnungen, Bibel, Mitmenschlichkeit, Geschichte, Krankheiten, Tod, Todesnähe, Kunst, Musik, Liebe, Gottesdienste, Bewahrungen u.a.m. können genannt werden. Für jeden Ort der Gotteserfahrung soll eine Kerze angezündet werden. Am Ende wird die Kerze, das Feuer, bedacht. Warum ist es seit biblischen Zeiten ein Symbol für Gott?

In **Phase 2** sollten fast ausschließlich Schüler mit ihren biblischen und außerbiblischen Texten zu Wort kommen. In der Vorbereitungsphase mag der Lehrer seinen Schülern vorschlagen, sich doch mal mit folgenden Bibelstellen zu beschäftigen:

Mat. J

Es gibt viele Antworten

Der eine oder andere wird dir sagen:
So hat es Gott gemacht. So hat Gott es gewollt. Gott verzeiht und vergibt. Er zürnt und wütet, dieser Gott. Er belohnt, segnet, hilft, straft. Eine einzige und kurze Wahrheit. Eine einzige Antwort auf alles: Gott.
Eine einzige Wahrheit und eine einzige kurze Antwort für alles. Eine Antwort, schnell und leicht, auf alle Fragen.
Möchtest du wirklich eine leichte und schnelle Antwort oder möchtest du eine schwere und langsame Antwort, alt und neu, die du selber findest?
Ich werde in die Ferne schauen. Ich werde schauen, und ich werde erzählen. Ich werde die Wahrheit erzählen davon, was vorher war. Daran erinnert sich weder mein Vater noch mein Urgroßvater, niemand, der noch am Leben ist. Niemand hörte es direkt von denen, die es gesehen haben; sie sind alle längst tot.
Ich sage: Ich habe in der Bibel gelesen; denn das Geschriebene lebt Generationen und tausend Jahre lang.
Ich weiß es, denn ich lese die Bibel. Ich weiß mehr, denn ich habe nachgedacht, ich habe gefragt und ich habe geantwortet. Ich werde erzählen davon, aber du, such du auch, such selbst.

J. Korczak, „Das Kind lieben", Suhrkamp Verlag; 2. Auflage, Frankfurt 1984, S. 42

1. Könige 8/27
Hiob 5/8–27
Hiob 30/19–24
Psalm 33
Psalm 71/19+20
Psalm 88
Psalm 148/7–10
Jesaja 45/5–8
Hosea 2/18–21
Amos 4/13
Amos 5/8+9
Römer 1/19–23

Ein außerbiblischer Text, der für diese Stunde geeignet erscheint, ist aus Janusz Korczaks „Das Kind lieben“, Frankfurt 1984, S. 42 (Mat. J, s. S. 69).

Für die **Phase 3** wird die Beschäftigung mit vier Bildern (Mat. 35) vorgeschlagen: Das erste Bild signalisiert die Kraft zum Widerstand. Zwei Schwarze sitzen auf einer Bank, die für Weiße reserviert ist. Die beiden Schwarzen nehmen dieses Recht wie selbstverständlich in Anspruch. Es ist, als ob sie ohne jede dramatische Geste, völlig natürlich ihre Menschenwürde leben.

Das Bild mit der Rollstuhlfahrerin weist auf die wiedergefundene Lebensfreude hin, die momentane Überwindung der Behinderung, die vielleicht durch die Gemeinschaft mit den zwei Begleitern erst möglich geworden ist.

Das Bild mit Mutter Teresa läßt an den Hintergrund dieser Frau, ihre Arbeit an den Ärmsten in den Elendsvierteln von Kalkutta denken. Das Gesicht von Mutter Teresa drückt herzliche Freude aus. Diese Frau ist über ihre Arbeit und das Elend, mit dem sie es tagtäglich zu tun hat, nicht bitter geworden, sondern scheint gerade dadurch ihr Menschsein gewonnen zu haben.

Der betende Jude an der Klagemauer von Jerusalem läßt an die Geschichte und die Leiden seines Volkes denken. Vielleicht hat er sogar – sein Alter legt das nahe – selbst viel Schweres durchgemacht. Dennoch steht er in einer Beziehung zu Gott: Er betet.

Die Bilder wollen dazu anleiten, im Alltag Hinweise auf eine größere Wirklichkeit, auf Gott, wahrzunehmen.

Wenn es das Aufnahmevermögen der Gruppe zuläßt, kann die Stunde mit dem Gedicht von K. O. Buchner „Erfahrung“ (Mat. 36) abgeschlossen werden. Das Gedicht steht im Materialienheft, weil es um des besseren Verständnisses willen jedem Schüler vorliegen sollte. Es drückt das Wunder des Glaubens aus: Manchmal lebt man allen Widerständen zum Trotz in der Geborgenheit des Glaubens an Gott; dann wieder steht man wie entblößt, scheint es dem eigenen Verstand unbegreiflich, daß man je geglaubt hat. Und dann steht man erneut da, wartend und sich sehnend und sich nach Gott ausstrekkend.

Vorschlag für eine Klassenarbeit

Der Vorschlag ist entworfen nach dem Grundmuster des Kombinierten Tests: Die Reproduktion verlangt kurze, knappe Antworten. Bei Reorganisation und Transfer wird erwartet, daß der Schüler Methoden, die im Unterricht eingeübt worden sind, selbständig anwenden, erlernte Stoffe eigenständig und übersichtlich darstellen kann. Bei der Textarbeit soll der Schüler zeigen, daß er den Inhalt verstanden und mit eigenen Worten wiedergeben kann. In unserem Fall wird zusätzlich verlangt, daß er den Text sinnvoll mit einem Element der Unterrichtseinheit verbinden kann.

Kombinierter Test

I. Reproduktion:

1. Wie muß das alttestamentliche Bilderverbot verstanden werden?
2. Was wissen Sie vom Gottesnamen „Elohim"?
3. Was wissen Sie vom Gottesnamen „Zebaoth"?
4. Interpretieren Sie sachgemäß die Selbstvorstellung Gottes in der Erzählung vom brennenden Dornbusch (2. Mose 3/14): „Ich bin, der ich bin!"
5. Geben Sie stichwortartig vier Antworten auf die Frage nach dem Sinn des Leids!

5 mal 4 = 20 Punkte

II. Reorganisation:

Bei der Einweihung des Tempels von Jerusalem betet König Salomo:
„Aber sollte Gott denn wirklich auf Erden wohnen? Siehe, der Himmel und aller Himmel Himmel mögen dich nicht fassen, wieviel weniger dieses Haus, das ich gebaut habe." (1. Könige 8/27)

6. Wo wohnt Gott?
7. Welche Bedeutung hat der Tempel, wenn er nicht Wohnort Gottes ist?

2 mal 5 = 10 Punkte

III. Textarbeit:

Lesen Sie den beiliegenden Text von Jörg Zink „Von der Allgegenwart Gottes" aufmerksam durch und bearbeiten Sie folgende Aufgaben:

8. Geben Sie die zwei Hauptaussagen des Textes mit eigenen Worten wieder!
9. Wie wird Gott nach christlicher Auffassung als der gute Vater eindeutig?

2 mal 10 = 20 Punkte

Die Arbeit ist auf 50 Punkte ausgelegt.
Bibeln können benutzt werden.
Ich wünsche Ihnen viel Erfolg!

Text zur Klassenarbeit:

Jörg Zink: „Von der Allgegenwart Gottes"

Wenn Christen von Gott sagen, er sei „allgegenwärtig" – was bedeutet uns das? Heißt das nicht, wir hätten Gott in allem, was uns widerfährt oder widersteht, zu suchen? Ist Gott nicht im Fels – wo mag er dann „gegenwärtig" sein? Ist er nicht in allem Geschaffenen, was meinen wir dann, wo er sei? Eine Binsenweisheit ist es, gewiß, daß Gott unzugänglich sei und ungreifbar. Aber es ist sein eigenes, in Gegensatz und Widerspruch sich ausdrückendes Geheimnis, daß er uns die Signaturen seines Schaffens zuwendet in allem, was wir sind und was uns umgibt. Die Erde ist nicht Gott, aber sie ist Gottes voll. Wenn mir eins ganz gewiß ist, dann dies. Daß der Ort, auf dem wir stehen, heiliges Land ist, ist der Grundgedanke, ohne den alle Frömmigkeit ohne Ort bleibt.

So bittet der frühe Mensch in der Sprache des Ackerbauern, wenn er sein Kind segnet: Gott gebe dir vom Tau des Himmels und von der Fettigkeit der Erde! Und in der Sprache des Nomaden, des Hirten, des Wanderers: Gott gebe dir „weiten Raum". In ihm und auf seiner Erde. Und das Leben, das aus solchem Segen erwächst, der Grund, auf dem es gedeiht, ist heiliges Land.

Aber jede Erfahrung hat auch ihre Nachtseite. Die Erde zeigt mir auch, daß sie eine strenge Herrin ist, fremd und überlegen. Mit oder ohne Gott weiß ich, daß sie mir nicht nur gestattet, auf ihr zu stehen, meiner Freiheit bewußt, daß sie vielmehr meine Freiheit konsequent begrenzt. Daß sie unerbittlich auf ihren Gesetzen, Ordnungen, Zeiten und Rhythmen besteht.

Ich kann nicht ändern, daß Winter und Sommer sind, Tag und Nacht. Ich kann nichts daran ändern, daß die Lebendigkeit der Erde darauf beruht, daß jedes Leben ein Ende nimmt und jedes Lebewesen der Lebendigkeit der Erde am Ende sein eigenes Leben zum Opfer zu bringen hat. Ich kann das Wasser in der Wüste nicht vermehren. Wenn ich Brunnen grabe, mache ich die Wüste wasserärmer als zuvor und am Ende unbewohnbar. Das ist eisernes Gesetz.

aus: Jörg Zink „Erde, Feuer, Luft und Wasser", KREUZ-VERLAG Stuttgart

Literatur- und Medienverzeichnis

(Vergleiche auch die Kommentierte Bibliographie!)

Tschingis Aitmatow „Die Richtstatt", Unionsverlag, Zürich 1988

Carl Amery „Das Ende der Vorsehung", Rowohlt Taschenbuch Verlag, Reinbek 1987

Hans-Martin Barth „Theorie des Redens von Gott", Vandenhoeck & Ruprecht, Göttingen 1972

Ulrich Becker u. a. „Orientierung Religion", Verlag Moritz Diesterweg, Frankfurt am Main 1973

Klaus Berger „Wie ein Vogel ist das Wort", Quell Verlag, Stuttgart 1987

Georg Betz „Verehren wir den falschen Gott?", Christopherus-Verlag, Freiburg i. Br. 1987

Walter Bodenstein „Die Rede von Gott in einer gottentfremdeten Welt", in: „Zum Beispiel" 3/1982, Saterland Verlag

Dietrich Bonhoeffer „Widerstand und Ergebung", Chr. Kaiser Verlag, München 1961

Bertolt Brecht „Gesammelte Werke", Suhrkamp Verlag, Frankfurt am Main 1967

Martin Buber „Ich und Du", Verlag Lambert Schneider, Heidelberg 1979

Manfred Büttner „Regiert Gott die Welt?", Calwer Theologische Monographien, Calwer Verlag, Stuttgart 1975

Fritz Buri „Wie können wir heute noch verantwortlich von Gott reden?", J. C. B. Mohr, Tübingen 1976

Ernesto Cardenal „Zerschneide den Stacheldraht", Jugenddienstverlag, Wuppertal

Ilse Czigens u. a. „Naturbetrachtung – Naturverfremdung", ein Katalog des Württembergischen Kunstvereins Stuttgart, Stuttgart 1977

Deutsche Bibelgesellschaft „Die Bibel in der Kunst des 20. Jahrhunderts", Deutsche Bibelgesellschaft, Stuttgart 1988

Erhard Domay u. a. „Rufe", Gütersloher Verlagshaus Gerd Mohn, Gütersloh 1979

Walther Eichrodt „Das Gottesbild im Alten Testament", Calwer Verlag, Stuttgart 1956

Albert Einstein „Mein Weltbild", Ullstein Taschenbuch-Verlag, Frankfurt a. M. 1957

Max Eyth „Hinter Pflug und Schraubstock", Deutsche Verlags-Anstalt, Stuttgart 1952

Erich Eßlinger u. a. „Gottes verborgene Gegenwart", Oberstufe Religion 10, Calwer Verlag, Stuttgart 1988

Konrad Fikenscher „Gott – Glaube – Gewalt", Vandenhoeck und Ruprecht, Göttingen 1987

Manfred Fischer „Niedergefahren zur Erde", Quell Verlag, Stuttgart ^{3}1980

Heinrich Fries und Rudolf Stählin „Gott ist tot?", Südwest Verlag, München 1968

Hans Frör „Ich will von Gott erzählen wie von einem Menschen, den ich liebe", Kaiser Traktate, Chr. Kaiser Verlag, München 1987

André Frossard „Gott existiert", Herderbücherei, Verlag Herder, Freiburg im Breisgau 1986

Fynn „Hallo Mister Gott, hier spricht Anna", Scherz Verlag, Bern und München 1977

Helmut Gollwitzer „Gottes Offenbarung und unsere Vorstellung von Gott", Chr. Kaiser Verlag, München 1964

Tatjana Goritschewa „Eine zweite, meine eigentliche Geburt“ in: „Gott, wenn es dich gibt ...“ hrsg. Hans Steinacker, Brendow Verlag, Moers 1987
Lore Graf u. a. „Geschichten zum Weiterdenken“ (Lesebuch und Begleitbuch), Chr. Kaiser Verlag München und Matthias-Grünewald-Verlag Mainz, 1979
Gisbert Greshake „Gott in allen Dingen finden“, Verlag Herder, Freiburg im Breisgau 1986
Karl Gröning „Adam, wo bist du?“, Verlag Herder, Freiburg im Breisgau 1987
Heike Hagemeier „Wenn ich der liebe Gott wäre ...“, Gütesloher Verlagshaus Gerd Mohn, Gütersloh 1981
Jürgen Hoeren und Michael Kessler „Gottesbilder“, Verlag Katholisches Bibelwerk, Stuttgart 1988
Eberhard Jüngel „Gottes Sein ist im Werden“, J. C. B. Mohr, Tübingen 1976
Susanne Kahl-Passoth „Was meinst du dazu, Gott?“, Gütersloher Verlagshaus Gerd Mohn, Gütersloh 1984
Otto Kettenberger „Geheimnisvolle Ordnung“, Kiefel Verlag, Wuppertal-Barmen 1983
Adel-Theodor Khoury „Gebet des Islam“, Topos-Taschenbücher, Matthias-Grünewald-Verlag, Mainz 1981
Susanne Kilian „Die Stadt ist groß“, Verlag Beltz und Gelberg, Weinheim 1976
„Kirchengebete II“, herausgegeben vom Evangelischen Oberkirchenrat Stuttgart
Otto Knoch „Das Gottesbild im Neuen Testament I“ in: „Gottesbilder“ hrsg. von J. Hoeren und M. Kessler, Katholisches Bibelwerk, Stuttgart 1988
Janusz Korczak „Das Kind lieben“, Suhrkamp Verlag, Frankfurt am Main 1984
„Der Koran“, Wilhelm Goldmann Verlag, München 1959
Th. C. de Kruijf u. a. „Zerbrochene Gottesbilder“, Verlag Herder, Freiburg im Breisgau 1969
Hans Küng „Existiert Gott?“, Deutscher Taschenbuch Verlag, München 1987
Karl-Josef Kuschel u. a. „Von Dostojewskij bis Grass – Schriftsteller vor der Gottesfrage“, Verlagsdruckerei Gebr. Tron, Karlsruhe 1986
Helmut Kussäther „Ist Gott Wirklichkeit?“, Eos Verlag Erzabtei, St. Ottilien 1987
Gisela Freiin von Ledebur „Wie reden wir von Gott im Unterricht?“ in: „Zum Beispiel“ Nr. 2/1982, Saterland Verlag
Theodor Jaeckel „Wer sich stören läßt, lebt“, Quell Verlag, Stuttgart 1988
Walter Lang (Hrsg.) „Die Frage nach Gott“, Kösel-Verlag, München 1977
Kurt Leese „Die Religionskrise des Abendlands und die religiöse Lage der Gegenwart“, Hoffmann und Campe Verlag, Hamburg 1948
Reinhard Leuze „Gotteslehre“, Verlag W. Kohlhammer, Stuttgart 1988
John L. Macie „Das Wunder des Theismus“, Philipp Reclam jun., Stuttgart 1985
Eric Marshall „Kinderbriefe an den lieben Gott“, Gütersloher Verlagshaus Gerd Mohn, Gütersloh 1968
Kurt Marti „Abendland“, Luchterhand Literaturverlag, Frankfurt/Main 1982
Kurt Marti „Ungrund Liebe“, Radius Verlag, Stuttgart 1987
„Materialdienst der Evangelischen Zentralstelle für Weltanschauungsfragen“, Quell Verlag, Stuttgart
Jürgen Moltmann „Gott in der Schöpfung“ Chr. Kaiser Verlag, München 1985
Tilmann Moser „Gottesvergiftung“, Suhrkamp Verlag, Frankfurt am Main 1976
Christa Mulack „Die Weiblichkeit Gottes“, Kreuz Verlag, Stuttgart 1983
Gebhard Neumüller und Franz W. Niehl „Gott und Gottesbilder“, Verlag Moritz Diesterweg und Kösel-Verlag, Frankfurt und München 1977
Karl Ernst Nipkow „Erwachsenwerden

ohne Gott?", Chr. Kaiser Verlag, München 1987
Rudolf Otto „Das Heilige", Verlag C. H. Beck, München 1963
Wolfhart Pannenberg „Gottesgedanke und menschliche Freiheit", Vandenhoeck und Ruprecht, Göttingen 1972
Christine Reets „Was wird aus dem Kinderglauben?", Gütersloher Verlagshaus Gerd Mohn, Gütersloh 1987
Paul Reps „Ohne Worte – ohne Schweigen", O. W. Barth Verlag und Scherz Verlag, Bern, München, Wien 1976
Kurt Rommel „Gib uns, Herr, dein Geleit", Quell Verlag, Stuttgart 1983
Horst Eberhard Richter „Der Gotteskomplex", Rowohlt Taschenbuch Verlag, Reinbek 1986
Bertrand Russell „Warum ich kein Christ bin", Rowohlt Taschenbuch Verlag, Reinbek 1969
Otmar Schnurr „Mein Gott, ein Mensch", Kösel Verlag, München 1987
Hubert Schrade „Der verborgene Gott", W. Kohlhammer Verlag, Stuttgart 1949
Ernst Schnydrig „In den Ferien hinter einem großen Stein zu lesen ...", Verlag J. Knecht 1976
Hans-Joachim Schoeps „Die großen Religionen der Welt", Droemersche Verlagsanstalt Th. Knaur Nachf., München 1957
Hans Schwarz „Gott oder kein Gott?", Vandenhoeck und Ruprecht, Göttingen 1984
Hans Schwarz „Gottes Selbstoffenbarung in der jüdisch-christlichen Tradition", Vandenhoeck und Ruprecht, Göttingen 1984
Friedrich Schweitzer „Lebensgeschichte und Religion", Chr. Kaiser Verlag, München 1987
Hans Jürgen Schultz „Auch Gott ist nicht fertig", Kreuz-Verlag, Stuttgart und Berlin 1969
Walter Schulz „Der Gott der neuzeitlichen Metaphysik", Verlag Günther Neske, Pfullingen 1974
Yorick Spiegel „Glaube wie er leibt und lebt",
Bd I: „Die Macht der Bilder",
Chr. Kaiser Verlag, München 1981
Bd II: „Gottesbilder von Herrschaft und Liebe"
Bd III: „Bilder vom neu entstandenen Leben"
Beide Bände im Chr. Kaiser Verlag, München 1984
Eduard Spranger „Der unbekannte Gott", Ehrenfried Klotz Verlag, Stuttgart 1957
Hans Steinacker „Gott, wenn es dich gibt ...", Brendow Verlag, Moers 1987
Josef Sudbrack „Mystik", Matthias-Grünewald-Verlag und Quell Verlag, Mainz und Stuttgart 1988
„Unser Gott", in: „Zum Weitergeben" 3/1979, hrsg. von der Evang. Frauenhilfe in Deutschland, Düsseldorf
„Unser Gott", in „Zum Vorlesen" 3/1979 (Materialienheft), hrsg. von der Evang. Frauenhilfe in Deutschland, Düsseldorf
Helmut Thielicke „Und wenn Gott wäre ...", Quell Verlag, Stuttgart 1970
Paul Tillich „Der Mut zum Sein", Steingrüben Verlag, Stuttgart 1958
Joachim Track „Sprachkritische Untersuchungen zum christlichen Reden von Gott", Vandenhoeck & Ruprecht, Göttingen 1977
Hans Joachim Türk „Orientierungen", Verlag J. Pfeiffer, München 1970
Werner Trutwin „Gespräch mit dem Atheismus", Theologisches Forum 1, Patmos Verlag, Düsseldorf 1970
Werner Trutwin „Reden von Gott", Theologisches Forum 2, Patmos Verlag, Düsseldorf 1970
Werner Trutwin „An Gott glauben", Patmos Verlag, Düsseldorf 1984
Herman van Veen „Worauf warten wir?", Rowohlt Taschenb. Vlg., Reinbek 1985

Ton Veerkamp „Gerede von Gott“, in: Junge Kirche Nr. 2/1988
Rudolf Walter (Hrsg.) „Die hundert Namen Gottes“, Verlag Herder, Freiburg im Breisgau 1985
Heinz Zahrnt „Gott kann nicht sterben“, R. Piper Verlag, München 1970
Jörg Zink „Erde, Feuer, Luft und Wasser“, Kreuz Verlag, Stuttgart 1986

Film:

Jaro Ucen „Und schufen ihn nach ihrem Bild und Gleichnis“, Zeichentrickfilm, farbig, BRD 1973

Bilder:

Böckstiegel „Betender Jude“, in: Radius November 1982, Radius Verlag Stuttgart
Rudolf Dietrich „Rollstuhlfahrerin“, in: Radius September 1982, Radius Verlag, Stuttgart
Wolfgang Dinges „Spur“, unveröffentlicht, im Besitz des Autors
Andreas Felger „Das Gleichnis vom Schatz im Acker“, in: Andreas Felger „Farbholzschnitte, Bilder, Reliefs“, Präsenz Verlag, Hünfelden 1985
Peter Foeller „Wolkenwand“, Screen Edition, Berlin
„Menschen 1945“, Bilderdienst Süddeutscher Verlag, München
„Omayra“ dpa, u.a. in „Die Zeit“ 17. Dez. 1985; Hamburg
„Mutter Teresa“, EBA/KNA, in: Radius 2/1984, Radius Verlag, Stuttgart
Charles M. Schulz „Die Peanuts“ in: Ilse Czigens u.a. „Naturbetrachtung – Naturverfremdung“ (s.o.)
„Zwei Schwarze“, Pontis/Lebeck, in: Radius Februar 1984, Radius Verlag, Stuttgart

Inhalt des Materialienheftes „Materialien Gott suchen – Gott erfahren"

(Klettbuch Nr. 26873)

Gott in der Schöpfung II: Naturwissenschaftler antworten

18 Vier Bilder
19 W. Trutwin, Bekenntnisse großer Forscher
20 Bertrand Russell, Warum ich kein Christ bin

Gott in der Geschichte des einzelnen und der Gemeinschaft

21 Nach Walter Ruf, Spuren
22 Susanne Kilian, Frau Bertolds wechselhafte Beziehungen zum lieben Gott
23 Dietrich Bonhoeffer, Von guten Mächten
24 Menschen 1945

Gott wird in Jesus eindeutig I

25 Yorick Spiegel, Jesus

Gott wird in Jesus eindeutig II

26 Otto Knoch, Das Gottesbild im Neuen Testament

Ein erster Blick über den Zaun: Gott in anderen Religionen

27 Kakuan, Ochse und Selbst verschwinden
28 W. Dinges, Spur
29 Zwei Suren
30 Die Schönsten Namen Gottes nach dem Koran und der Tradition

Ein zweiter Blick über den Zaun: Die Gottesleugner

31 Ein Märchen von Vassilij Suchomlinskij
32 Paul Thiry D'Holbach, Gebet eines Atheisten, wenn er sich Gott gegenübergestellt sähe

Über Gott reden – Mit Gott reden

33 Theodor Jaeckel, Biblische Reden von Gott
34 Ein Gebet

Vor Gott leben

35 Vier Bilder
36 Kurt Oskar Buchner, Erfahrung

Stundenblätter Religion

Sekundarstufe I

Getzeny, Hans
Stundenblätter Freundschaft – Liebe – Partnerschaft
Klettbuch 926741

dazu das Materialienheft für Schüler: Klettbuch 26863

Schulz, Anneliese
Stundenblätter Den Nächsten lieben – das Notwendige tun
Außenseiter – Ausländer – Behinderte
Klettbuch 926744

dazu das Materialienheft für Schüler: Klettbuch 268690

Schulz, Siegfried
Stundenblätter Bergpredigt
Klettbuch 926742

dazu das Materialienheft für Schüler: Klettbuch 26864

Schulz, Siegfried
Stundenblätter Christen und Juden
Klettbuch 926703

dazu das Materialienheft für Schüler: Klettbuch 268670

Schulz, Siegfried
Stundenblätter Gott suchen – Gott erfahren
Klettbuch 926705

dazu das Materialienheft für Schüler: Klettbuch 268730

Schulz, Siegfried
Stundenblätter Sterben – Tod – Auferstehung
Klettbuch 926721

dazu das Materialienheft für Schüler: Klettbuch 268610

Sekundarstufe II

Albers, Wolfgang
Stundenblätter Menschenwürde – Menschenrechte
Christliches Handeln in der Welt
Klettbuch 926743

dazu das Materialienheft für Schüler: Klettbuch 268680

Bosold, Bernhard
Stundenblätter Gesellschaftliche Normen – Theologische Ethik
Klettbuch 926701

dazu das Materialienheft für Schüler: Klettbuch 268660

Gorbauch, Horst/Mehner, Dorothea
Stundenblätter Umgang mit der Bibel
Klettbuch 926711

Huber, Hans
Stundenblätter Jesus Christus
Klettbuch 926702

dazu das Materialienheft für Schüler: Klettbuch 268650

Oßwald, Bernhard
Stundenblätter Gottesglaube – Atheismus
Klettbuch 926745

dazu das Materialienheft für Schüler: Klettbuch 268710

Rieder, Albrecht
Stundenblätter Sinnfrage
Klettbuch 926704

dazu das Materialienheft für Schüler: Klettbuch 268720

Schulz, Siegfried
Stundenblätter Kirche und Staat
Klettbuch 926691

dazu das Materialienheft für Schüler: Klettbuch 926692

Stamer, Uwe
Stundenblätter Freiheit – Verantwortung – Schuld
Theologische Anthropologie
Klettbuch 926731

dazu das Materialienheft für Schüler: Klettbuch 268620